# THÈSE

## POUR LE DOCTORAT

A MA FEMME

—

MEIS ET AMICIS

# THÈSE
## POUR LE DOCTORAT

### DROIT ROMAIN
### De la Litis contestatio
#### ET DE SES EFFETS DANS LE SYSTÈME DE LA PROCÉDURE
#### FORMULAIRE

### DROIT FRANÇAIS
### De la Purge des Priviléges et Hypothèques

Cette Thèse sera soutenue le Mercredi 30 Juillet 1879, à 2 heures et demie,

PAR

### JEAN ONFROY

AVOCAT

Né à Laval (Mayenne), le 12 août 1854.

EXAMINATEURS
{ MM. BODIN, *doyen.*
ÉON,
WORMS, } *professeurs.*
GUÉRARD,
RIPERT, } *agrégés chargés de cours.*
JARNO,

### CHATEAU-GONTIER
J.-D. BEZIER, IMPRIMEUR BREVETÉ
Rue Dorée, 14.

1879

# DROIT ROMAIN

## DE LA LITIS CONTESTATIO

### ET DE SES EFFETS DANS LE SYSTÈME DE LA PROCÉDURE FORMULAIRE

#### CHAPITRE I".

##### ORIGINE ET DÉFINITION DE LA *LITIS CONTESTATIO*.

Lorsqu'un droit nous est contesté, ou quand une personne s'oppose à son exercice, nous pouvons, en nous adressant à l'autorité judiciaire, obtenir le maintien de l'état de choses actuel, ou la réparation du dommage causé. Le moyen que la loi nous donne de faire valoir nos droits en justice, s'appelle *action;* en d'autres termes, l'action, c'est la procédure du droit (1).

La nature et le mode d'exercice des actions dépendent essentiellement du degré de civilisation d'un peuple : nous n'en trouvons, à l'origine du Droit romain, qu'un nombre fort restreint. Les *legis actiones* étaient au nombre de *cinq,* et encore, les deux der-

---

(1) Le mot *action* n'a pas toujours le même sens : il désigne soit la faculté de recourir à l'autorité publique afin qu'elle fasse cesser l'injustice dont on se plaint, soit le *moyen pratique, la procédure* à l'aide de laquelle on obtient la reconnaissance ou la protection de son droit. (Demangeat, t. II, p. 46.)

1

nières, étaient-elles des voies d'exécution des jugements plutôt que des actions proprement dites. Ces
actions étaient soumises à des formes rigoureuses,
réglées d'avance, consistant dans l'emploi d'actes
symboliques, de gestes liturgiques, de paroles sacra-
mentelles, et une erreur ou une inexactitude pouvait
entraîner la perte du droit invoqué en justice. Gaius
nous en donne un exemple dans son Commentaire IV,
§ 11. Le formalisme est le caractère ordinaire des législations barbares, et ce n'est qu'avec la civilisation
que la législation se débarrasse de cette enveloppe
matérielle et arrive à se simplifier.

A l'époque des actions de la loi, le demandeur
pouvait exiger de son adversaire qu'il le suivit immédiatement devant le magistrat, ou qu'il lui fît la promesse, garantie par un *vindex* ou *répondant*, de se
présenter à jour fixe. Si le défendeur refusait, le
demandeur faisait constater son refus par deux témoins, en prononçant ces paroles : « *Licet te antes-
tari* (1) », et il pouvait l'entraîner de force, *etiam
obtorto collo.*

Arrivées devant le magistrat, les parties exposaient
leurs prétentions, et, après avoir accompli les formalités prescrites, prenaient les assistants à témoin de
ce qui venait de se passer. C'est cette partie de la
procédure qui s'appelait la *litis contestatio.* Festus
nous en indique le caractère dans le passage suivant :
« *Contestari est quum uterque reus dicit : testes es-*

(1) Hor., liv. I, sat. IX.

tote. *Contestari litem dicuntur duo aut plures adcer-sarii quod, ordinato judicio, utraque pars dicere solet : testes estote.* »

La *litis contestatio* était donc importante en ce qu'elle procurait un témoignage dans le cas où on aurait voulu contester la validité de la condamnation pour vices de formes.

A la chute des actions de la loi, qui, sans cesse en butte aux attaques des préteurs et à la haine populaire (Gaius, Comm. IV, § 30), furent supprimées par les lois Æbutia et Julia, la délivrance d'une formule écrite marque le commencement du procès et la présence des témoins devient inutile. La formalité n'a plus lieu, mais le nom reste cependant, et la *litis contestatio* conservée a un but différent et une importance beaucoup plus considérable que dans le système antérieur : elle indique maintenant le moment de la délivrance de la formule.

Avant d'aborder l'étude de la *litis contestatio* sous le système formulaire, il nous semble indispensable d'indiquer en quelques mots les principaux traits de cette procédure. Le caractère le plus saillant de ce système est la distinction entre le *jus* et le *judicium*. C'est *in jure*, devant le magistrat, que les débats s'engagent; le demandeur indique l'action dont il veut se servir, le défendeur ses exceptions, ses répliques. Les contestations s'élèvent soit sur la prétention du demandeur, soit sur la rédaction de la formule, soit sur la compétence du magistrat, etc.; quelquefois même les débats se prolongent et entraînent la nécessité d'un *vadimonium* (1) ou promesse faite par le défendeur de se représenter à jour fixe devant le magistrat (*ut promittat se certo die sisti*), sinon, de payer une certaine somme.

Quand le cas n'est pas prévu dans l'édit, ou quand la prétention du demandeur lui paraît évidemment mal fondée, le magistrat peut lui refuser la délivrance d'une formule ; il peut aussi, et c'est ce qui arrive souvent, en délivrer une, et renvoyer les parties devant un juge choisi par le défendeur ou, à son défaut, par lui-même.

Alors commence une seconde période, la procédure *in judicio*, qui se termine, généralement du moins, par la sentence du juge. Placée entre ces deux périodes du procès, la *litis contestatio* marque la transition entre l'office du magistrat et celui du juge.

Nous trouvons dans les textes diverses expressions pour indiquer cette époque : *Contestari* exprime le fait du demandeur qui requiert du magistrat la délivrance de la formule ; le mot *Lis* désigne la *res in controversia*. A l'époque de Cicéron, on discutait la question de savoir s'il fallait dire *lis* ou *res*. Les expressions suivantes sont encore employées comme synonymes de *lis contestata* : *Jus acceptum ; lis ordinata ; judicium factum, judicium contestatum, res in judicium deducta* (2).

Cette synonymie nous montre que la *litis contestatio*

(1) Gaius, Comm. IV, § 184.

(2) Keller. *De la Procédure civile* (trad. Capmas), § 67 ; — Zimmern (trad. Etienne), § 119.

se place *in jure*, et nous pouvons la définir, avec M. de Savigny : « Un acte qui se passe devant le préteur, » et où les parties, par leurs déclarations respectives, » fixent le litige en le rendant susceptible d'être porté » devant le juge. »

Toutefois, nous devons faire observer que cette définition n'est pas admise par tous les interprètes du Droit romain, et qu'on a pu soutenir que cet acte se passait non pas devant le magistrat à la fin de la procédure *in jure*, mais devant le juge qui en faisait le premier acte du *judicium*.

L'opinion à laquelle nous nous rallions, et qui est professée d'ailleurs par le plus grand nombre des commentateurs, est conforme à la tradition historique et se base sur les textes suivants :

1° Papinien (Dg., loi 30, pr. *de judiciis*) suppose que le préteur a choisi comme juge un *furiosus*, et il nous dit : « Quoique ce juge soit incapable d'exercer » ses fonctions, la *litis contestatio* n'en a pas moins » lieu, car il n'est pas nécessaire, pour qu'elle se » produise, que le juge soit présent ou ait eu con- » naissance de sa nomination. » Ceci indique bien que la *litis contestatio* a lieu *in jure*, car si elle avait lieu devant le juge, elle impliquerait inévitablement la présence d'un *judex*.

2° Un *legatus*, l'envoyé d'une ville ou d'une province auprès de l'empereur, se trouvant à Rome, et y étant actionné, pouvait demander le *jus revocandi domum*, c'est-à-dire à être poursuivi devant les tribunaux de son domicile, quand il s'agissait de contrats faits dans sa province. Mais si l'action intentée contre lui était temporaire, le demandeur était exposé à perdre son droit ; aussi la loi 28, § 4, *de judiciis*, lui permettait-elle de poursuivre le *legatus* à Rome, *ut lis contestetur*. Après la *litis contestatio* la perte du droit n'étant plus à craindre, l'affaire était renvoyée devant le juge de la province. Preuve évidente que les parties, au moment de la *litis contestatio*, sont devant les magistrats.

3° Un sénatus-consulte, rendu sous Marc-Aurèle, avait décidé qu'à l'époque des récoltes et des vendanges, nul ne pouvait être poursuivi. La loi 1, § 2, *de feriis*, Dg., permet à toute personne ayant une action temporaire dont le terme doit arriver avant la fin des *dies feriæ*, de se présenter devant le préteur *ut lis contestetur*.

4° La loi 16, *de procur.*, Dg., nous fournit encore un argument. Après la *litis contestatio*, on ne peut plus se substituer à son *procurator in litem* ou en mettre un à sa place. Or, en rapprochant ce texte des paragraphes 86 et 87 du Commentaire IV de Gaius, on remarque que le nom du *procurator* figure dans la *condemnatio*. La formule a été délivrée par le préteur, c'est donc devant lui et non devant le juge qu'a eu lieu la *litis contestatio*.

5° Enfin, les dispositions du sénatus - consulte d'Hadrien sur le bénéfice de division entre cofidéjusseurs d'une même dette, viennent encore donner plus de force à notre opinion. D'après ces dispositions, chaque fidéjusseur peut demander au magistrat de

diviser l'action du créancier entre tous les cofidéjusseurs solvables au moment de la *litis contestatio* (1).
Si elle se passait *in judicio*, comment expliquer
cette décision?

Ceux qui prétendent que, sous le système formulaire, la *litis contestatio* avait lieu *in judicio* et non
*in jure*, s'appuient sur une phrase de la loi I, Code, *de
litis contest.* (3, 9), ainsi conçue : « *Lis tunc contes-
» tata videtur quum judex per narrationem négotii
» causam audire cœperit :* il y a *litis contestatio* à
» l'instant où le juge commence à prendre connais-
» sance de l'affaire par l'exposé qui lui en est fait. »
Ce texte, inconciliable à première vue avec l'opinion
que nous avons adoptée, semble donner raison à nos
adversaires; cependant, parmi les différentes explica-
tions que l'on a données de cette loi, l'une d'elles nous
paraît entièrement satisfaisante.

Justinien, a-t-on dit, a faussement attribué cette loi
aux empereurs Sévère et Antonin Caracalla; elle
appartient aux empereurs qui vivaient sous le système extraordinaire. Cette explication est inexacte,
car jamais les compilateurs n'ont changé les titres
des textes.

Une seconde explication, qui nous paraît également
inadmissible, consiste à dire que par *judex* il faut
entendre *prætor*. Comment croire, en effet, que, dans
un texte rédigé à l'époque où le système formulaire
était en vigueur, on ait confondu le juge avec le
magistrat?

(1) Inst., liv. III, § 4, titre xx.

D'ailleurs, comment admettre que les compilateurs aient remplacé le mot *prætor* par celui de *judex*, puisqu'au temps de Justinien, ces deux personnages s'étaient confondus en un seul.

Une troisième explication nous semble préférable ; elle suppose tout simplement que ce texte s'applique au système des *cognitiones extraordinariæ*, c'est-à-dire aux procès dans lesquels on ne renvoyait pas les parties devant un juge. Sous le système formulaire, en effet, nous trouvons certaines matières où le magistrat jugeait *extra ordinem ;* par exemple, dans les contestations relatives aux *fideicommis* (1) et dans les restitutions *in integrum*, etc.

Dans ces divers cas, il n'y avait réellement pas de *litis contestatio*, mais les empereurs avaient décidé que les effets qui, ordinairement y étaient attachés, se produiraient après que le magistrat, qui était en même temps *judex*, aurait commencé à entendre l'exposé de l'affaire (2).

Plus tard, lorsque les formules eurent disparu, la constitution des empereurs, primitivement faite pour des cas exceptionnels, s'est trouvée applicable à tous les cas.

L'ensemble des textes que nous venons de passer en revue, nous conduit à placer la *litis contestatio* à la fin de la procédure *in jure*.

Il nous faut maintenant rechercher quels sont les effets de la *litis contestatio*. Nous étudierons d'abord

(1) Gaius, II, § 278.
(2) En ce sens, C., 1. 14, § 1 (III, 31).

les effets relatifs aux personnes, puis les effets relatifs
au droit déduit en justice, et nous terminerons en indiquant ses inconvénients et les moyens d'y rémédier.

---

## CHAPITRE II.

### EFFETS DE LA *LITIS CONTESTATIO* RELATIFS AUX PERSONNES.

Tant qu'il n'y a pas litis contestatio, on peut dire
que le procès n'est pas définitivement engagé ; mais
à partir du moment où elle a lieu il n'en est plus
ainsi : il y a obligation pour chaque partie de subir
le cours de l'instance, et l'absence de l'une ou de
l'autre n'apporterait aucun obstacle à la marche de la
procédure. La litis contestatio fixe donc d'une façon
définitive l'objet et les conditions du litige, ainsi que
les personnes entre lesquelles se passera le *judicium*.

En délivrant la formule aux parties, le magistrat
nomme un juge choisi, comme nous l'avons vu, par le
défendeur ou par lui-même. En principe, ce juge ne
peut plus être changé, la formule étant l'œuvre du
magistrat, et aucun changement ne pouvant y être
apporté qui n'émane de son autorité ; mais ce principe
souffre des exceptions, fondées presque toutes sur
des cas de force majeure. D'abord le juge peut avoir
déclaré *rem sibi non liquere* (1) ; il peut aussi être

(1) Par ex. : le cas cité par Aulu-Gelle. (*Noctes Atticœ*, XIV, 2.)

dans un cas d'excuse légitime (1), être incapable ou atteint d'un *morbus perpetuus* ; enfin il peut mourir ou être révoqué par le magistrat qui l'a nommé (2).

Les effets de la *litis contestatio* relatifs aux personnes des parties sont beaucoup plus importants que ceux relatifs à la personne du juge. L'instance étant engagée, si l'une des parties vient à mourir, le procès sera poursuivi pour ou contre ses héritiers, pour le tout et sans pouvoir être divisée entre chacun d'eux (3).

On peut aussi, au lieu de supposer la mort de l'une des parties, prendre pour exemple le cas où le demandeur s'est donné en adrogation après la *litis contestatio*, mais avant la sentence du juge : son droit passera à l'adrogeant, qui suivra l'instance, sans que cette translation de droits puisse jamais lui être préjudiciable. C'est ce qui résulte très-clairement de la loi 22, § 3 (Dg., *de inoffic. testam.*, V, 2), dans laquelle l'adrogeant continuant l'instance engagée par l'adrogé relativement à la *querela inofficiosi*, conserve, en cas d'insuccès, le legs que lui avait fait le *de cujus*.

Enfin il peut arriver que, l'instance étant pendante, l'une des parties veuille mettre à sa place un *procurator* ou, réciproquement, que le *procurator*, renonçant à son mandat, veuille remettre à son mandant la

(1) Il faut distinguer ici entre les excuses temporaires et les excuses légitimes. Dans le premier cas, lorsque l'excuse était survenue depuis la rédaction de la formule, et *post causam actam*, le magistrat pourrait se contenter de fixer un délai.

(2) Dg., l. 58, *de judiciis.*

(3) Dg., loi 48, *de communi dividundo.*

conduite de l'affaire. Dans ce cas, comme dans tous ceux que nous venons d'indiquer comme des exceptions à la règle placée en tête de ce chapitre, une *translatio judicii*, c'est-à-dire un changement dans la formule, sera nécessaire.

Cette *translatio judicii* est faite par le magistrat après une *causæ cognitio*. S'agit-il de changer le juge? pas de difficultés : on substituera dans la formule le nom du nouveau juge à celui de l'ancien. S'il s'agit de l'une des parties, le nom devra être changé dans la *condemnatio*. Mais ici se présente une difficulté : faudra-t-il opérer le même changement dans l'*intentio?* Le paragraphe 84 du Commentaire IV de Gaius et la loi 14, Dg., *de his qui notuntur*, nous autorisent à répondre non.

Voici l'hypothèse visée par la loi 14 : « Un esclave » a commis un vol ; le demandeur a poursuivi le » maître *noxaliter* et a obtenu contre lui la délivrance » de la formule. Avant la sentence du juge le maître » meurt, après avoir institué son esclave en l'affranchissant. Si l'esclave est condamné, la *condemnatio* » n'emportera pas infamie, car l'esclave n'aura pas » été condamné *suo nomine*. »

La loi suppose une action *furti*, qui emporte infamie, quand c'est l'auteur du délit qui est condamné, et elle nous dit qu'ici l'esclave ne deviendra pas infâme, parce que la litis contestatio n'a pas eu lieu contre lui. Or, s'il en est ainsi, c'est que la *condemnatio* seule sera conçue au nom de l'esclave devenu libre, tandis que l'*intentio* restera au nom du maître.

Les effets de la *translatio judicii* sont très-simples : le nouveau juge aura les mêmes pouvoirs que le premier ; les nouvelles parties, suivant qu'il y aura *translatio a parte actoris* ou *a parte rei*, auront les mêmes droits ou les mêmes obligations.

Nous venons d'indiquer les effets de la *litis contestatio* relatifs aux personnes, étudions maintenant les modifications qu'elle produit sur le fond même du droit déduit en justice.

———

## CHAPITRE III.

### EFFETS DE LA *LITIS CONTESTATIO* RELATIFS AU DROIT DÉDUIT EN JUSTICE.

La litis contestatio détermine l'objet exact sur lequel porte le procès et l'étendue du point controversé. Cette détermination précise est d'autant plus nécessaire, qu'une seconde action tendant au même but étant interdite, il importe de fixer le droit déduit en justice. C'est au moment de la *litis contestatio* que le juge doit se placer pour constater si le droit allégué existe réellement, pour apprécier l'étendue et la valeur des réparations à allouer au demandeur : dispositions fort équitables d'ailleurs, car les parties ne doivent jamais souffrir des lenteurs obligées de la justice. On peut donc considérer le droit qui résulte de la litis contestatio comme un droit acquis, faisant partie du patrimoine du demandeur et, comme tel, transmissible et perpétuel.

Il nous faut indiquer encore un effet spécial de la litis contestatio qu'un édit d'Auguste lui a fait produire. Pour empêcher la cession d'actions, cet empereur interdit l'aliénation des choses litigieuses, sous peine de nullité de la cession et d'une amende pour le vendeur comme pour l'acquéreur. Par choses litigieuses, on entendait celles sur lesquelles avait porté la litis contestatio. Cette décision fut consacrée et étendue par Constantin (1) ; toutefois l'amende disparut, et Justinien, en confirmant ces décisions, indique seulement que la cession sera nulle et qu'elle n'interrompra pas le cours du procès.

La litis contestatio agit sur le passé et sur l'avenir : sur le passé, car l'action amenée *in judicio* ne peut plus être exercée de nouveau ; sur l'avenir, car cet acte forme la base d'une modification essentielle pour le contenu du jugement à intervenir et de l'obligation qui en résulte ; en d'autres termes, elle est à la fois *extinctive* et *productive* d'obligations. Ce sont ces deux effets que nous allons maintenant étudier.

## SECTION I<sup>re</sup>. — Effet extinctif d'obligations.

Au nombre des modes d'extinction des obligations que nous indique Gaius, figure la litis contestatio : « Les obligations s'éteignent par la *litis contestatio* ; » l'obligation primitive est dissoute et remplacée par » une autre (2). »

(1) L. II, C. *de litigiosis.*
(2) Gaius, Comm. III, § 180.

La litis contestatio change à la fois la *cause* et l'*objet* de l'obligation :

La *cause*, car depuis ce moment, *incipit teneri reus ex litis contestatione*, et non plus en vertu de l'obligation primitive ;

L'*objet*, car sous le système formulaire les condamnations étant pécuniaires, le demandeur n'obtiendra pas le fait de son adversaire, mais une somme représentative de la valeur du débat, somme encore indéterminée et que fixera le juge en prononçant la condamnation.

Gaius ajoute, au même paragraphe : « *Si modo legitimo judicio fuerit actum* : pourvu qu'il s'agisse d'un *judicium legitimum.* » Il fallait encore que l'action fût personnelle et que la formule fût *in jus concepta.* Si l'une de ces trois conditions manque, au lieu d'éteindre le droit *ipso jure,* la litis contestatio ne l'éteint que *per exceptionem.*

Ici se place une question importante : la *litis contestatio,* quand les trois conditions que nous venons d'indiquer viennent à se trouver réunies, n'emporte-t-elle pas novation ? Nous répondrons à cette question après avoir étudié sous toutes ses faces la litis contestatio.

Cet effet extinctif de la litis contestatio s'explique par la règle : « *Ne de eadem re bis sit actio.* » En d'autres termes, la formule telle qu'elle a été délivrée par le magistrat détermine d'une façon précise et définitive sous quelles conditions et dans quelle mesure le droit du demandeur peut amener la condamnation

du défendeur. Tel est le résultat de l'exercice du droit
d'action : une fois mis en mouvement, on ne saurait
admettre qu'il puisse être repris à nouveau; qu'il
donne lieu à l'établissement d'un second *judicium* par
la délivrance d'une autre formule.

Tout autre système n'eût abouti qu'à jeter le trouble
et l'incertitude dans les rapports juridiques. Au contraire, grâce au caractère définitif de la formule, la
situation des parties est nettement établie : « Les
» contestations douteuses et incertaines des parties
» (dit Zimmern) se trouvent donc, au moyen de
» la *litis contestatio,* transformées de telle manière
» que désormais sont invariablement fixés les points
» de fait et de droit d'où doit dépendre la condamna-
» tion, laquelle elle-même est plus ou moins déter-
» minée d'avance. »

Quant aux moyens qui serviront à faire valoir cet
effet extinctif, nous avons déjà dit que sous le système
formulaire ils étaient différents, suivant qu'il s'agissait
d'un *judicium legitimum,* d'une action *in jus et in personam* ou d'un *judicium* ne remplissant pas toutes les
conditions. Dans le premier cas, le droit primitif était
éteint *ipso jure,* c'est-à-dire que le magistrat refusait
au demandeur une nouvelle formule ; tandis que, dans le
second, le demandeur pouvait bien obtenir une formule
nouvelle, mais elle était rendue inefficace par l'exception *rei in judicium deductæ,* octroyée au défendeur.

Dans les actions de la loi, la *litis contestatio* em-
pêchait toujours, sans distinction aucune, le renou-
vellement de l'action déjà exercée.

### § 1ᵉʳ. — Conditions et mode d'extinction.

Nous avons dit plus haut que l'extinction du droit déduit *in judicium* avait lieu soit *ipso jure* soit *per exceptionem* :

*Ipso jure*, quand l'action était personnelle, l'*intentio in jus concepta* et le *judicium légitimum* ;

*Per exceptionem*, quand l'une de ces trois conditions faisait défaut. Dans ce dernier cas, on aurait pu intenter une seconde action ayant le même objet, mais cette conséquence étant contraire au principe « *bis de eadem re ne sit actio* », le préteur fut amené à créer une exception qui permettait de repousser toute nouvelle demande tendant au même but. Cette exception était l'exception *rei judicatæ*, quand l'instance avait entièrement suivi son cours et quand le juge avait prononcé la condamnation ; l'exception *rei in judicium deductæ*, lorsque, après la *litis contestatio*, l'action n'avait pas été continuée et qu'elle ne pouvait plus l'être, soit à cause de la péremption, soit pour tout autre motif.

Mais pourquoi donc fallait-il la réunion des trois conditions précédemment indiquées pour que le droit fût éteint *ipso jure* ?

On a dit qu'on n'attachait cet effet qu'aux actions personnelles parce qu'on ne novait que les créances et non les droits réels. Cette raison ne peut nous satisfaire. Le vrai motif, c'est qu'on comprend bien l'extinction pure et simple d'un droit de créance,

tandis qu'il ne peut en être de même de la propriété, qui se transporte et généralement ne s'éteint
pas. Nous expliquerons de la même manière la nécessité d'une *intentio in jus concepta*. En effet, si
la litis contestatio peut faire disparaître un droit, elle
ne peut faire disparaître un fait : or, l'*intentio in
factum* ne mentionne jamais qu'un fait.

Enfin, avons-nous dit, le *judicium* devait être *legitimum*. Nous savons que le *judicium* était *legitimum*
quand il se passait à Rome ou dans un rayon d'un mille,
entre citoyens romains, devant un juge unique et ci-
toyen romain. Si l'une de ces trois conditions venait à
défaillir, le jugement était *imperio continens* (1). Or, le
*judicium imperio continens* finissait au jour où expi-
raient les pouvoirs du magistrat, tandis que, à l'origine du moins, les *judicia legitima* n'étaient soumis à
aucun délai. D'où on a conclu qu'un judicium imperio
continens ne pouvait éteindre un droit perpétuel et le
remplacer par un droit qui, au plus, était annal. Ce
système, si on l'acceptait, ne pourrait en tous cas
être vrai qu'avant la *lex Julia judiciaria* (Gaius,
Comm. IV, § 104); mais nous proposons la raison
suivante :

Le judicium legitimum était le seul qui existât selon le Droit civil, et il est probable qu'à l'origine
tous les *judicia* étaient *legitima*, tant à cause du peu
d'extension de la République que des formes rigoureuses de la procédure. Plus tard, la jurisprudence

(1) Gaius, Comm. IV, §§ 103, 104 et 105.

2

étant devenue plus large par suite des rapports fré-
quents qui s'établirent avec les pérégrins, il est vraisemblable que le préteur, au lieu d'attaquer le Droit
civil, recourut à son procédé habituel et accorda une
exception pour protéger le défendeur contre le danger
d'une nouvelle action.

La question que nous venons de traiter n'est pas
absolument théorique, car il y avait intérêt à savoir
si l'action était éteinte *ipso jure* ou *exceptionis ope*.
Le premier intérêt à signaler est un intérêt de procédure. Dans le cas, en effet, où le droit ne disparais-
sait que *per exceptionem*, le défendeur devait avoir
bien soin de faire insérer l'exception dans la formule.

Nous pouvons aussi supposer que le demandeur
n'avait succombé que par le dol de son adversaire (1) :
si l'action avait été éteinte *per exceptionem*, il pouvait reprendre l'action primitive et, à l'exception *rei
judicatæ*, répondre par une réplique de dol; si, au
contraire, l'extinction avait eu lieu *ipso jure*, il n'avait
d'autre ressource que d'intenter l'action *de dolo*, ou
de recourir à une *restitutio in integrum* dans les cas
où elle était permise.

Prenons, comme dernier exemple, le cas où un pupille devenu majeur intentait l'action *tutelæ* contre son
tuteur : le juge, n'ayant pas eu la connaissance exacte
des comptes, avait prononcé une condamnation insuffisante. Si la litis contestatio n'avait pas été extinctive ipso jure, le pupille pouvait réintenter son action;

(1) L. 20, § 1, Dg., *de dolo malo*.

si elle avait éteint le droit ipso jure, il ne pouvait agir
que par voie d'exception.

Que l'obligation soit éteinte ipso jure ou exceptionis
ope, nous trouvons, dans certains cas, après l'extinction de la dette primitive, la persistance d'une obligation naturelle. C'est ce que nous prouve la loi 8, § 3,
Dg. (*de fidej. et mandat*), qui permet à un fidéjusseur
de s'engager même *post litem contestatam* : « *Quia
et civilis et naturalis subest obligatio.* »

Cette obligation naturelle, qui survit ainsi à l'obligation civile, présente une utilité incontestable : car,
si on ne peut la faire valoir directement par voie d'action, on pourra au moins l'opposer en compensation
ou la faire garantir par des hypothèques ou des fidéjusseurs.

Pour rechercher dans quels cas persiste une obligation naturelle, il ne faut évidemment pas supposer
que le défendeur a été condamné, car l'obligation qui
résulte *ex causa judicati*, est une obligation civile.

Il se peut : 1° que l'instance soit périmée ; 2° qu'elle
se soit terminée par un jugement d'absolution.

Dans le cas de péremption d'instance (*lis amissa
tempore*), la litis contestatio peut laisser subsister une
obligation naturelle, mais à la condition qu'avant
l'instance une obligation civile ait existé. C'est ce que
nous dit la loi 30, § 1", Dg., *ad legem Aquiliam* : « Un
» créancier muni d'un gage qui portait sur un escl. . .e,

» intente une action personnelle ; l'instance est péri-
» mée, puis l'esclave est tué. Le créancier pourra-
» t-il, à la place de son débiteur, intenter l'action
» *legis aquiliæ*, qui compète à ce dernier ? » Le texte,
en décidant qu'il le pourra dans la mesure de sa
créance, nous prouve ainsi la persistance d'une obligation naturelle.

Dans la seconde hypothèse, le défendeur a été absous.

Dans ce cas, en admettant qu'une obligation civile
ait existé auparavant, res ra-t-il toujours une oblig.-
tion naturelle ? Il faut répondre qu'en principe l'absolution éteint toute dette : « *Post rem judicatam
nihil quæritur* (1).

En effet, si l'on admettait la persistance d'une obligation postérieurement à l'absolution, ce serait permettre aux parties de remettre indéfiniment en question
l'exactitude de la chose jugée, ce serait lui ôter toute
son autorité. Ce principe général est contrarié par
plusieurs textes :

Un débiteur absous à tort (*male absolutus*) paye sa
dette malgré son absolution (2). Paul décide qu'il ne
pourra répéter son paiement. Faut-il, pour expliquer
cette décision de Paul, admettre la persistance d'une
obligation naturelle ? Non, évidemment, car si, dans
ce cas, la répétition n'est pas possible, c'est que la
condition essentielle de la *condictio indebiti*, l'erreur,

(1) L. 56, Dg., *de re judicata*.
(2) L. 28, Dg., *de cond. indebit.*

ne se rencontre pas ; le débiteur, en effet, a payé en connaissance de cause.

Un second texte suppose qu'un *rerus debitor* a payé *momento jud'ii*, et il décide que ce débiteur ne pourra répéter, quand bien même il aurait payé *per errorem*, car de deux choses l'une : ou il aurait été condamné, ou il aurait été absous ; et, même dans ce cas, la répétition ne serait pas possible : « *Quia    net naturalis obligatio.* »

Il en sera de même dans les hypothèses suivantes :

1° Un créancier a commis une faute dans la procédure, une *plus petitio*, par exemple. Le défendeur, s'il s'agit d'un judicium imperio continens, pourra lui opposer une exception, mais comme ce sera à cette exception seule qu'il devra son absolution, il subsistera une obligation naturelle ;

2° Un créancier ayant consenti à son débiteur un pacte de *non petendo intra tempus*, l'actionne sans attendre le terme fixé. Il perdra son procès, mais le défendeur continuera à être tenu *naturaliter*.

Dans tous ces cas, si le créancier, par un moyen quelconque, veut se prévaloir de cette obligation naturelle, le juge n'aura qu'un point à examiner : la validité de l'obligation primitive, condition essentielle pour que le défendeur demeure naturellement obligé.

Ainsi, nous voyons que dans diverses hypothèses une obligation naturelle subsiste, tandis que dans d'autres, au contraire, il ne reste plus aucune trace du droit antérieur. Sur quelles bases appuierons-nous la distinction à faire ? La solution suivante nous paraît devoir être acceptée comme conforme aux principes : il subsiste une obligation naturelle toutes les fois qu'il sera possible de reprendre l'instance sans attaquer la décision du juge ; dans tous les autres cas, le droit est complétement éteint.

Lorsque nous indiquerons les différences qui existent entre la novation et la litis contestatio, nous verrons que, dans la novation, les droits de gage et d'hypothèque, qui garantissent la créance, viennent à disparaître si l'on n'en fait pas la réserve expresse, tandis que ces mêmes accessoires réels subsistent au contraire après la litis contestatio (1).

On a voulu expliquer cette persistance des droits de gage et d'hypothèque après la litis contestatio, en disant que ces droits sont soutenus par l'obligation naturelle qui, dans certains cas, subsiste après la litis contestatio. Cette explication nous paraît insuffisante, car nous venons de voir qu'il s'en faut de beaucoup que l'obligation naturelle persiste dans toutes les hypothèses où la dette antérieure est éteinte ; or, les gages et les hypothèques subsistent dans tous les cas.

M. Accarias (2) donne une raison toute autre : « Le gage et l'hypothèque suivent le sort de l'obligation

_____

(1) *Non deteriorem causam nostram facimus actionem exercentes.* L. 29, Dg., *de novationibus ;* cf., l. 22, *de tut. et ration.* (XXVII, 3) ; l. 13, § 4, *de pign.* (XX, 1) ; l. 11, pr. *de pign. act.* (XIII, 7) ; l. 8, C. *de pignor.* (VIII, 14).

(2) M. Accarias. *Cours de Pandectes,* année 1876-77.

principale et ne disparaissent qu'autant que celle-ci disparaît elle-même. Or, les obligations s'éteignent principalement par le paiement ; la *deductio in litem* n'éteint l'obligation antérieure qu'à la condition d'en créer une nouvelle dérivant du quasi-contrat judiciaire. Dès lors, n'est-il pas naturel d'admettre que les sûretés réelles qui accompagnent l'ancienne créance soient transportées à la nouvelle ? »

La litis contestatio n'éteint pas non plus les privilèges attachés à la créance (1). En effet, le privilège ne peut s'exercer que sur le produit de la vente des biens du débiteur, vente qui suppose un jugement de condamnation ; le privilège serait donc inutile s'il ne survivait à la litis contestatio.

### § 1. — *Entre quelles personnes se produit cet effet extinctif.*

Quand le demandeur a déduit son droit en justice, il ne peut plus agir de nouveau ; il est, en effet, impossible de permettre à une des parties de revenir indéfiniment sur une chose déjà jugée. Mais cette règle « *bis de eadem re ne sit actio* » n'est évidemment pas faite pour le cas où un créancier a le droit de poursuivre soit des fidéjusseurs du débiteur principal, soit des *correi promittendi*.

Le créancier a compté sur les garanties qu'on lui avait permis de stipuler, et il serait injuste de lui interdire d'user de son droit. Examinons les diverses applications de cette théorie.

(1) L. 29, Dg., *de novat.*

Il y a plusieurs *correi stipulandi* : l'un d'eux intente la poursuite, tous les autres sont privés du droit d'agir, car l'obligation primitive est éteinte, et la nouvelle obligation qui dérive de la litis contestatio n'a pris naissance qu'entre le *correus* qui a agi et le débiteur. D'où il résulte que si les *correi* ne sont pas *socii*, les co-créanciers ne pourront forcer celui qui aura touché le montant de la créance à partager avec eux le bénéfice qu'il aura retiré (1).

A l'inverse, dans l'hypothèse de plusieurs *correi promittendi*, la litis contestatio survenue entre le créancier et l'un d'eux libérera les autres de leur obligation, sans que celui qui aura payé puisse recourir contre ses *correi* s'ils ne sont pas *socii*. Plus tard cependant, Justinien modifia cette décision.

Supposons maintenant qu'à côté du créancier se trouve un *adstipulator*, qui intente une poursuite contre le débiteur. Si ce débiteur, grâce à une faute commise dans la procédure, n'est pas condamné, il sera libéré même vis-à-vis du créancier, qui n'aura d'autre ressource que d'intenter contre l'*adstipulator* négligent l'action *mandati directa*.

Si nous supposons à l'inverse des *débiteurs accessoires*, la règle sera la même en principe, sous les distinctions suivantes :

S'agissait-il de *sponsores* ou de *fidepromissores*, ils n'étaient tenus, en vertu de la loi Furia, qu'à leur part et portion (2), et le demandeur qui les poursui-

(1) M. Accarias. *Précis de Droit romain.*
(2) Gaius, Comm. III, § 121.

vait au-delà commettait une *plus petitio* et devait succomber.

Les fidéjusseurs, au contraire, étaient toujours tenus pour le tout « *singuli in solidum obligantur* », et le créancier avait le choix de demander *a quo velit* la totalité de la dette. Hadrien leur accorda le bénéfice de division, qui devait être indiqué dans la formule sous forme d'exception. Ce bénéfice ne doit pas être confondu avec celui que la loi Furia accordait aux *sponsores ;* la dette des *sponsores*, en effet, était divisée *ipso jure* et l'insolvabilité de l'un d'eux ne retombait pas sur les autres, tandis que le rescrit d'Hadrien n'opérait la division qu'entre les cofidéjusseurs solvables au moment de la litis contestatio. Remarquons, toutefois, que la loi Furia (1) ne s'appliquait qu'en Italie, et que l'obligation des *sponsores* dans les provinces était la même que celle des fidéjusseurs. Il est probable cependant que le rescrit d'Hadrien étendit aux provinces le bénéfice de division accordé par la loi Furia à l'Italie seulement.

Dans tous les exemples que nous avons présentés jusqu'ici, l'obligation de toutes les parties était toujours la même. Mais il peut se faire qu'il n'en soit pas ainsi, et nous allons examiner les hypothèses dans lesquelles l'obligation de l'une des parties diffère de celle de l'autre. Le *mandator pecuniæ credendæ*, par exemple, ne s'oblige qu'à indemniser le mandataire du préjudice résultant de l'insolvabilité du débi-

(1) Gaïus, Comm. III, § 121.

tour ; aussi, après avoir poursuivi ce débiteur, le mandataire pourra-t-il agir contre le *mandator* pour obtenir de lui l'indemnité promise (1). De même, dans le cas d'une obligation *in solidum*, le créancier pourra poursuivre pour le tout chacun des débiteurs, et, s'il n'est pas payé par celui contre lequel il aura agi, il aura recours contre les autres, car l'obligation n'est pas unique, et alors, dit Paul, « *perceptione non litis contestatione cæteri liberantur* (2). »

Enfin la solution serait encore la même s'il s'agissait d'un *fidejussor indemnitatis*. En effet, les deux débiteurs ont des obligations distinctes, et le fidéjusseur ne peut être poursuivi qu'après le débiteur principal ; la poursuite exercée contre l'un ne peut donc libérer l'autre (3).

Nous avons dit plus haut que dans l'hypothèse de plusieurs *correi promittendi*, la litis contestatio survenue entre le créancier et l'un d'eux libérait les autres de leur obligation, sans recours possible de la part de celui-ci contre ses *correi*, s'ils n'étaient pas *socii*. On a critiqué cette solution, et on a enseigné que la litis contestatio ne libérait pas entièrement les fidéjusseurs, en s'appuyant sur un texte dont nous allons aborder l'explication. Justinien, au Code, désapprouve et abroge l'ancien usage suivant : « Autrefois, dit-il, » on accordait un délai de deux mois au débiteur con- » damné pour exécuter la sentence, mais il arrivait

(1) L. 13, Dg., *de fidej. et mand.*
(2) L. 2, 3, 4, Dg., *de his qui effuderint.*
(3) L. 21, Dg., *de solut.*, et l. 116, *de verb. oblig.*

» que, dans la pratique, le créancier s'attaquait aux
» fidéjusseurs aussitôt après la condamnation. »

D'après ce texte, il semble que la litis contestatio
ne les a pas libérés ; mais, d'un autre côté, la loi 42,
§ 2, Dg., *de jurejurando*, dit : « Quand le débiteur a
» prêté serment qu'il était libéré, le fidéjusseur l'est
» aussi, car le jugement rendu en faveur de l'une des
» parties peut être invoqué par l'autre. » Ces deux
textes sont contradictoires. Pour nous, le premier
vise l'hypothèse d'un *fidejussor indemnitatis* ou d'un
fidéjusseur qui s'est engagé *post litem contestatam*,
pour garantir l'exécution du jugement (1), tandis que
le second pose le principe général.

En résumé, on peut dire que l'effet extinctif de la
litis contestatio se produit entre toutes les personnes
dont l'obligation est la même que celle du défendeur.

### SECTION II. — Effet productif d'obligations.

La litis contestatio fait naître l'obligation réci-
proque pour les parties de se soumettre au jugement,
et, en outre, un droit spécial pour le créancier : le
droit au montant de la condamnation prononcée par
le juge.

Nous allons étudier successivement : 1° quelles
sont les conditions nécessaires pour que ce droit
naisse ; 2° ses causes ; 3° son objet et son étendue ;
4°, entre quelles personnes il produit son effet.

(1) L. 8, § 3, Dg., *de fidej. et mandat.*

§ 1<sup>er</sup>. — *Conditions de la naissance du droit nouveau.*

Pour que le droit nouveau naisse, il faut en principe qu'il existe au jour de la litis contestatio. A ce principe, on a fait une objection tirée de la loi 17, Dg., *mandati*, dont voici l'hypothèse : « Une personne a reçu mandat de toucher une somme d'argent ; *pendente judicio*, elle se fait payer. Le jugement la condamne à payer au mandant ce qu'elle a reçu. » Dans ce cas, a-t-on dit, le droit du créancier à la restitution n'existait pas au jour de la délivrance de la formule. La réponse est facile : Le mandataire a été poursuivi pour n'avoir pas exécuté son mandat et non pour avoir touché l'argent, et le paiement effectué n'a fait que déterminer le montant de la condamnation.

Ainsi, pour que le demandeur triomphe, il faut que le droit énoncé dans l'*intentio* existe au moment de la litis contestatio.

Si donc, au jour de la délivrance de la formule, le droit n'existe plus, le juge ne pourra pas prononcer une condamnation, et il en serait de même si le droit venait à naître entre la *litis contestatio* et la *res judicata*.

Comment comprendre alors que, dans une action en revendication, le défendeur n'ait besoin d'avoir la possession du bien revendiqué qu'après la litis contestatio ; que, dans l'action de *peculio*, le juge doive condamner en raison de la valeur du pécule au moment de la litis contestatio? (1)

Dans ces textes, la contradiction n'est qu'apparente. En effet, ce qui doit exister au jour de la litis contestatio c'est le droit du demandeur, mais les faits qui doivent exister du côté du défendeur peuvent ne se produire qu'après. Nous en trouvons la preuve dans la loi 30, pr., Dg., *de peculio* : « Si, au jour de » la litis contestatio, un pécule ne comprend rien, et » si, par suite de circonstances quelconques, il con- » tient quelque chose au jour de la condamnation, » l'action aura été régulièrement intentée, et la con- » damnation portera sur ce qui se trouvera dans le pé- » cule à ce moment. » En effet, dit Ulpien, la valeur du pécule n'étant pas indiquée dans l'*intentio*, son absence n'empêche pas l'action de valoir et, par conséquent, la condamnation est légitime.

Concluons donc en disant que ce qui ferait échouer le demandeur si le pécule était vide au moment de la litis contestatio ou si la chose litigieuse ne se trouvait pas en la possession du défendeur à ce moment, ce ne serait pas un défaut de droit, mais plutôt un obstacle de fait. C'est ce qu'exprime ainsi M. Accarias : « On peut dire, en résumé, que quand la con- » damnation dépend tout ensemble d'un droit et d'un » fait, il faut absolument que ce droit préexiste à la » délivrance de la formule, mais il suffit que le fait » se produise avant le jugement. Cette distinction

___

(1) Voir encore les lois 9, Dg. (XIII, 7), et 1, § 2, Dg. (XVI, 3).

» s'explique ainsi : si c'est le droit lui-même qui naît
» *post litem contestatam*, il n'a pas été déduit *in ju-*
» *dicium*, donc il ne peut être pris en considération
» par le juge. Au contraire, est-ce seulement un fait
» exigé pour la condamnation qui se produit *post li-*
» *tem contestatam*, on peut admettre la déduction du
» droit *in judicium* (1). »

Enfin, comme dernière condition pour que le droit
nouveau naisse, il faut que l'*intentio* soit absolument
*justa :* car une *plus petitio* dans l'*intentio* ferait succomber le demandeur.

Il peut arriver que le droit, tout en existant avant
la litis contestatio, vienne à disparaître *pendente lite,*
ou que le défendeur, au cours de l'instance, donne
satisfaction au demandeur.

Dans le premier cas, le juge devra prononcer la
condamnation. Ainsi, si le propriétaire d'un bien intente contre un possesseur l'action en revendication
avant que la prescription soit accomplie, peu importe
que le défendeur usucape *pendente lite,* le demandeur
n'en devra pas moins triompher (2).

Dans la deuxième hypothèse, si, *pendente lite,* le
défendeur offre de donner satisfaction au demandeur,
l'application de notre principe nous conduirait à décider qu'il faudra condamner néanmoins ce défendeur.
Gaius (Comm. IV, § 114) nous apprend que la question
était controversée.

(1) Accarias. *Précis de Droit romain,* t. II, p. 873.
(2) Loi 17, § 1, *de rei vindicat.*

Les Sabiniens, s'appuyant sur le bon sens et l'utilité pratique, décidaient qu'il fallait absoudre le défendeur, quelle que fût la nature de l'action. Les Proculiens, au contraire, n'admettaient cette décision que dans les actions de bonne foi, où le juge avait une grande latitude, ainsi que dans les actions *in rem* et arbitraires, où la formule portait : *Nisi restituat condemna*. Quand l'action était *stricti juris*, ils appliquaient le principe.

Faut-il conclure de là que les Proculiens permettaient au demandeur de réclamer deux fois la valeur de l'objet déduit en justice ? Non, certainement : s'ils exigeaient que le défendeur fût condamné, c'était pour rester fidèles aux principes généraux de la matière qui nous occupe ; mais, dans le cas où le demandeur aurait voulu se servir du jugement après avoir reçu satisfaction, ils permettaient au défendeur de le repousser au moyen de l'exception *doli mali* (1)

### § 2. — *Cause du droit nouveau.*

Toute obligation a pour cause soit un contrat soit un délit. Mais le droit nouveau qui résulte de la litis contestatio a une cause toute différente. Doit-on le considérer comme dérivant *ex contractu* ou *quasi ex contractu ?* Cette question est très-discutée, et, tout en déclarant que nous nous rallions à l'opinion qui fait dériver le droit nouveau *quasi ex contractu*, il

---

(1) Zimmern. *Traité des actions* (trad. française), § 121.

nous semble intéressant d'examiner les arguments qui sont invoqués de part et d'autre.

Le droit nouveau dérive *ex contractu*, a-t-on dit, et pour le démontrer, on s'est appuyé sur les termes de la loi 22, Dg., *de tut. et dist. rat.*, et surtout sur ceux de la loi 3, § 11, Dg., *de pecul.* : « *Nam sicut in stipulatione contrahitur, ita judicio contrahi.* » A ces arguments de textes nous répondrons que, pour les Romains, il n'y avait réellement que deux sources d'obligations : les *contrats* et les *délits*, et que, par suite, ils n'ont pas toujours distingué d'une façon très-nette les obligations contractuelles des obligations quasi-contractuelles.

Un second argument invoqué par les partisans de l'opinion opposée repose sur ce principe : nul n'est forcé de subir la litis contestatio (1), et le défendeur n'est pas obligé d'accepter la formule. Donc, si le défendeur se présente devant le magistrat, il intervient entre lui et le demandeur un accord de volontés d'où résulte un véritable contrat. A cet argument, nous répondrons que l'existence même du procès prouve bien qu'il n'y a pas accord de volontés entre les parties.

Remarquons, d'ailleurs, que si l'abstention du défendeur résulte de sa mauvaise foi, le préteur enverra le demandeur en possession de l'objet litigieux (2), et cette crainte seule forcera le plus souvent le défendeur à comparaître.

(1) L. 52, Dg., *de reg. juris.*
(2) L. 83, § 1, Dg., *de verb. oblig.*

Enfin il est bien certain que, quand des personnes voulent contracter ensemble, il est permis à l'une d'elles de se retirer si elles ne peuvent arriver à s'accorder. Ici, au contraire, si les parties ne s'entendent pas sur les détails du procès, c'est au magistrat qu'il appartiendra de résoudre les points controversés, sans que celles-ci soient jamais libres de pouvoir se retirer.

Il nous reste maintenant à indiquer les conséquences de la substitution d'une obligation *quasi-contractuelle* à l'obligation primitive.

Ces conséquences sont au nombre de quatre :

1° Les délits commis par un fils de famille engendrent contre le père une action *noxale*. Au contraire, quand le fils s'oblige en vertu d'une cause licite (*contrat* ou *quasi-contrat*), l'action donnée contre le père est l'action *de peculio*.

Supposons qu'un fils de famille ait commis un délit ; il a été poursuivi et condamné. D'après le principe que nous venons de poser, il faudrait dire que l'action *judicati* qu'a le tiers sera donnée contre le père *noxaliter*. Cependant la loi 3 (§ 11, Dg., *de peculio*) nous dit qu'elle sera donnée *de peculio* : « Le père est tenu
» *judicati de peculio*, même, dit Marcellus, quand il
» s'agit d'un droit pour lequel le père ne pouvait pas
» précédemment être poursuivi *de peculio*. En effet,
» de même que l'on contracte avec un fils de famille
» au moyen de la stipulation, de même contracte-t-on
» par le *judicium*. » Cette loi prouve que, par l'effet de la litis contestatio, un changement s'est opéré dans

3

la dette et qu'à l'obligation primitive a été substituée une obligation quasi-contractuelle.

Remarquons toutefois que l'action *de peculio*, quand il s'agit d'un fils de famille, a une portée plus large que quand il s'agit d'un esclave : jamais, en effet, un esclave ne pourra être actionné lui-même.

2° Certaines actions sont appelées *populaires*, parce qu'elles ne sont dans le patrimoine de personne. Citons, à titre d'exemple, les actions de *effusis*, de *dejectis*, de *albo corrupto*, de *sepulchro violato*, etc. Toute personne intéressée peut les intenter ; mais, à partir du jour où la litis contestatio a eu lieu, elles perdent leur caractère et font partie intégrante du patrimoine du demandeur. Il faut donc nécessairement admettre qu'il y ait eu un changement de cause.

3° Après la litis contestatio, les actions temporaires deviennent *perpétuelles* : « *Omnes actiones quæ morte aut tempore pereunt, semel inclusæ judicio salvæ permanent* (1). » Nous avons déjà vu, en étudiant les effets relatifs aux personnes, que la mort de l'une des parties survenue après la litis contestatio n'a aucune influence sur la solution du procès.

Quant aux actions temporaires, qu'elles soient susceptibles de s'éteindre par la mort du défendeur ou par la mort de celui qui pouvait l'exercer, la décision est la même : l'action deviendra perpétuelle après la litis contestatio, parce qu'alors on ne peut plus dire que le droit dérive de l'action primitive.

(1) Loi 130, Dg., de reg. juris.

Cette phrase : « Les actions temporaires deviennent perpétuelles », doit être bien comprise ; il ne faut évidemment pas la prendre à la lettre. L'action devient perpétuelle en ce sens que le demandeur jouira d'une prorogation de délai, celui de la peremption d'instance. Or, d'après la *lex Julia judiciaria*, l'instance est périmée au bout de dix-huit mois, quand il s'agit d'un *judicium legitimum* (1). Quant au *judicium imperio continens*, notre règle ne put jamais lui être applicable, sa durée étant toujours subordonnée à celle des pouvoirs du magistrat qui avait délivré la formule.

4° Lorsqu'il s'agit d'une action pénale, si le défendeur meurt après la litis contestatio, ses héritiers pourront être poursuivis, résultat rigoureux, qui permet de faire retomber sur la personne de ses héritiers la peine encourue par l'auteur du délit. Par exemple, on intente contre une personne l'action *furti manifesti* ; elle meurt avant la litis contestatio ; ses héritiers sont libérés. Si, au contraire, nous supposons qu'elle ne meure qu'après cette époque, ses héritiers pourront être condamnés au quadruple. Cette solution n'est, du reste, qu'une application de la règle générale posée au Digeste dans la loi 157 (§ 2, *de reg. juris.*) : « *In contractibus, successores ex dolo eorum quibus successerunt, non tantum in id quod pervenit, verum etiam in solidum tenentur, hoc est unus quisque pro ea parte qua heres est.* »

C'est encore au changement de cause produit par la litis contestatio qu'il faut rattacher cette décision.

(1) Gaius, Comm. IV, § 104.

### § 3. — *Objet et étendue du droit nouveau.*

La litis contestatio a encore pour effet de mettre, dans la plupart des cas, le débiteur en demeure : c'est ce qui a lieu quand celui-ci, après avoir reçu sommation de payer, refuse frauduleusement de le faire (1). Mais il peut arriver que le défendeur ait un motif sérieux de résistance, qu'il n'ait plus, par exemple, en sa possession l'objet réclamé ; dans ce cas, l'effet que nous venons d'indiquer ne se produira pas. Remarquons toutefois que, quand la cause de l'obligation est un délit, la demeure se produit *re ipsa* sans interpellation ni demande en justice.

La mise en demeure a une grande importance : c'est elle qui sert à déterminer l'objet dû et l'étendue de la condamnation qui devra être prononcée. Sous le système formulaire, elle sera toujours pécuniaire. Il faut cependant concilier cette formule, exacte en principe, avec cette maxime : « *Omnia judicia absolutoria esse debent* », dont voici l'explication :

Toutes les fois que le demandeur recevra, *pendente judicio*, une satisfaction équivalente à sa demande, ou même moindre s'il déclare s'en contenter ; toutes les fois que le défendeur, obéissant au *jussus* du juge dans les actions arbitraires, donnera au demandeur la satisfaction arbitrée, le juge ne pourra condamner, malgré l'existence du droit au jour de la litis contestatio. Dans

---

(1) L. 82, § 1, Dg., *de verbor. oblig.*; l. 40, pr., Dg., *de hered. petit.*; l. 63, Dg., *de reg. juris.*

tous les autres cas il devra, au contraire, prononcer au profit du demandeur une condamnation qui, suivant la règle posée, sera pécuniaire.

Mais comment le juge appréciera-t-il l'étendue du droit nouveau, base de la condamnation? « Les lenteurs de la justice ne peuvent ni profiter ni nuire au demandeur », voilà le principe ; c'est donc au jour de la litis contestatio que le juge se reportera pour déterminer le *quantum* de la condamnation.

Le droit du demandeur comprend, d'une manière générale, la chose avec tous ses accessoires, *res cum sua causa,* et la restitution ou, à son défaut, la condamnation, doivent avoir pour objet la *res* et la *causa* depuis la litis contestatio jusqu'à la *res judicata.* L'utilité pricipale de cette règle se fait sentir surtout dans les cas où la *causa* n'est pas due avant la litis contestatio.

La *res* sera, dans certaines actions, la restitution de l'objet litigieux, dans d'autres, l'exécution de l'obligation.

La *causa* est ici opposée à la *res petita* et comprend, dans ce sens particulier, tous les accessoires de la chose, par exemple : 1° les *fruits,* l'*alluvion,* le part des esclaves, les acquisitions faites, *pendente lite,* par l'esclave dont la propriété est en question ; 2° *les intérêts des sommes d'argent,* c'est-à-dire le dommage causé par le simple retard du débiteur. Ajoutons à cela les détériorations causées par le dol ou la faute du défendeur ou par cas fortuit.

Nous allons nous occuper d'abord de la première

classe d'accessoires, qui comprend les *fruits*, etc., et nous traiterons ensuite séparément des *intérêts*, qui sont soumis à des règles particulières.

Il faut distinguer ici entre les actions *in rem* et les actions *in personam*.

*a*) Actions *in rem.* — Pour l'époque antérieure à la litis contestatio, nous renvoyons aux principes généraux sur l'acquisition des fruits. Le possesseur de bonne foi acquiert tous les fruits par leur séparation du sol, excepté cependant ceux qui existent encore au jour de la litis contestatio. Tel est le principe dans le dernier état du droit. Quant au possesseur de mauvaise foi, il ne peut jamais faire les fruits siens, et l'estimation que fera le juge pour déterminer le montant de la condamnation devra les comprendre, ainsi que ceux qu'il aura négligé de percevoir (27, § 3, Dg., *de rei vindic.*). Il en sera de même de toutes les autres acquisitions accidentelles faites au sujet de l'objet litigieux.

Quant à l'époque postérieure à la litis contestatio, nous appliquons ici la règle que nous avons posée et nous disons : le demandeur doit obtenir tout ce qu'il aurait eu si on lui avait donné satisfaction au moment de la litis contestatio. S'il en avait été ainsi, tous les fruits et les accessoires de la chose lui auraient appartenu ; la *condemnatio* devra donc les comprendre tous.

Nous trouvons cette règle appliquée à l'action en

revendication (20, 35, § 1, *de rei vindicat.*) et à l'action en pétition d'hérédité.

De même pour l'action confessoire : « *Fructuario qui vicit, omnis causa restituenda est, et ideo si servi fuerit ususfructus legatus, quidquid ex re fructuarii vel ex operis suis consecutus est possessor debebit restituere.* » (L. 5, § 3, *in fine si usuf.*)

Enfin, la même doctrine est appliquée à l'action hypothécaire. (L. 16, § 4, Dg., *de pign.*)

*b*) Actions *in personam.* — Il faut encore distinguer ici entre l'époque antérieure et l'époque postérieure à la litis contestatio. Dans la première période, l'action avait-elle pour objet une *repetitio?* la *causa* entière devait être restituée ; l'action avait-elle pour objet une chose n'ayant jamais appartenu au demandeur? une distinction est nécessaire : les actions de droit strict ne donnaient jamais lieu à la restitution des fruits, et la *mora* elle-même n'avait pas cet effet. Dans les actions de bonne foi, au contraire, c'était un principe incontesté. (L. 38, § 15, *de us.*)

A partir de la litis contestatio, la *causa* était toujours due. (L. 38, § 7, *de usuris.*)

D'après ce qui précède, nous voyons clairement que la *causa* était toujours due depuis la litis contestatio, quelle que fût la nature de l'action, et qu'elle comprenait même les *fructus percipiendi*, c'est-à-dire ceux que le possesseur avait négligé de percevoir.

Reste maintenant à indiquer quelle fut la marche historique de notre règle. Elle apparaît tout d'abord dans les actions *in rem* ou, plus généralement, dans les actions arbitraires (1); il est même très-probable que dans ces actions elle a toujours existé. Sous l'empire des actions de la loi, on exigeait de celui qui était laissé en possession de la chose litigieuse des cautions pour assurer la restitution de cette chose et de ses accessoires (*prædes litis et vindiciarum*); ces *vindiciæ* n'étaient autres que les fruits. Le défendeur devait donc restituer la *causa*.

Le même principe fut transporté dans le système de la procédure formulaire dès que la *petitoria formula* fut connue. On l'appliqua de bonne heure aux actions de bonne foi; la bonne foi exige, en effet, que le demandeur soit rendu indemne si sa prétention est fondée. Quant aux actions *stricti juris*, et peut-être quant aux autres actions personnelles qui ne sont ni *stricti juris* ni *bonæ fidei*, notre règle fut longtemps contestée, et ce ne fut que plus tard que Cassius et Sabinus l'appliquèrent d'une façon certaine à ces actions. La loi 38 (§ 7, *de usuris*) ne nous laisse aucun doute à cet égard.

Nous trouvons dans les textes la preuve de cet ordre chronologique : « Il est généralement admis, dit » Papinien (2), que même dans les actions person- » nelles (*quamvis in personam actum sit*), après la litis » contestatio, la *causa* (c'est-à-dire les accessoires de » la chose) doit être fournie. »

Cette première phrase prouve bien que, dans les actions réelles, notre règle était admise sans contesta-

(1) Gaius, Comm. IV, § 16.
(2) L. 2, Dg., *de usuris*.

tion : « En effet, ajoute Papinien, telle est la chose au
» jour de la demande, telle elle doit être donnée, et
» par conséquent les fruits et le part doivent être res-
» titués. »

Puis, plus loin (1) : « Même dans les actions qui ne
» sont ni arbitraires ni de bonne foi, la *causa* doit être
» donnée au demandeur à partir de la litis contestatio
» jusqu'à la *res judicata*... Mais, après la sentence, il
» n'y a plus lieu à ce que le défendeur doive la *causa*. »

D'après cela, comment admettre que notre règle
vienne, comme on l'a soutenu, du senatus-consulte
Juventien? (2) Ce senatus-consulte, en effet, appartient au règne d'Hadrien, et nous avons vu ce que
disaient les jurisconsultes Sabinus et Cassius, qui
écrivaient presque un siècle avant le règne d'Hadrien.

### Intérêts de sommes d'argent.

La demande, au lieu de porter sur un corps certain
ou une *universitas*, peut avoir pour objet une somme
d'argent. Dans ce cas, la *causa* se confond avec les
intérêts. Nous devons, pour être complet, nous arrêter quelques instants sur cette question.

Si les intérêts sont dûs en vertu d'une cause antérieure à la litis contestatio, pas de difficultés : la litis
contestatio n'en arrêtera pas le cours, et le juge devra
les comprendre dans le montant de la *condemnatio*.

Mais il se présente sur ce sujet un point plus déli-
cat : la litis contestatio fait-elle courir les intérêts?

(1) L. 3, § 1, *eodem titulo.*
(2) En ce sens. Zimmern, § 122.

S'agit-il de *condictiones certæ pecuniæ*? On décide que le juge n'aura pas le pouvoir d'accorder des intérêts judiciaires, car, dans cette action, l'*intentio* doit être reproduite exactement dans la *condemnatio*. La question ne peut donc se présenter que pour les *actiones incertæ*. Si l'action est de *bonne foi*, le juge pourra accorder des intérêts, s'il le juge équitable. Si l'action est *stricti juris*, il ne le pourra pas. Cette dernière opinion est combattue par M. de Savigny, qui nous oppose plusieurs textes que nous allons examiner.

Le premier : « *Lite contestata usuræ currunt* » (l. 35, *de usuris*) signifie simplement que la litis contestatio n'arrête pas le cours des intérêts, et M. de Savigny lui-même s'est rallié à cette interprétation généralement admise.

Le second est la loi 34, *de usuris*, « qui assimile les intérêts aux fruits. » Or, dans toutes les actions, les fruits sont dus à partir de la litis contestatio : donc, concluent nos adversaires, il doit en être de même pour les intérêts. Nous nous bornerons à répondre que c'est seulement dans les actions de bonne foi qu'Ulpien constate cette assimilation.

Enfin, de ce même texte et d'un autre Code, qui assimilent tous les deux les legs aux fidéicommis au point de vue des *usuræ*, on a conclu que, dans les *condictiones*, le juge devait accorder des intérêts judiciaires. La réponse est facile : Le premier de ces deux textes a, de l'aveu de tout le monde, été interpolé par les compilateurs ; quant au second, il énonce

une règle vraie au temps de Justinien, puisque ce
prince assimila complètement les legs aux fidéicommis.

Les textes qui précèdent ne prouvent donc absolument rien contre notre opinion, et nous pensons même
que la décision suivante de Pomponius (1) contredit
formellement le principal argument de M. de Savigny,
qui assimile les intérêts aux fruits : « *Usuræ pecuniæ
quam percipimus, in fructu non est quia non ex ipso
corpore sed ex alia causa est, id est nova obliga-
tione.* »

Enfin, la loi 1 (C., *de condict. ind.*) nous semble
décisive, et le principe qu'elle émet : « *Usuras autem
hujus summæ tibi præstari frustra desideras* », principe absolument contraire à la doctrine de M. de Savigny, nous permet de décider que, dans les actions
*stricti juris*, les intérêts judiciaires ne courront jamais.

Dans toutes les hypothèses examinées jusqu'ici,
l'objet litigieux n'avait pas changé de valeur ; mais il
peut se faire : 1° qu'il ait péri totalement, par suite
du dol ou de la faute du défendeur ; 2° qu'il ait subi
des changements de valeur vénale ; enfin, 3° qu'il
ait été détérioré par cas fortuits.

1° Lorsqu'après la litis contestatio, l'objet litigieux
vient à périr par suite du dol ou de la faute du défendeur, celui-ci doit une indemnité.

2° Lorsque des changements ont eu lieu dans la va-

(1) L. 121, *de verb. significatione.*

leur vénale de l'objet litigieux, des changements de
prix par exemple, à quel moment le juge devra-t-il
estimer sa valeur? Quelquefois la loi détermine elle-
même l'époque de l'estimation ; ainsi, dans l'action
*furti*, Ulpien nous dit (1) : « *Quod si pretiosior facta
sit, ejus duplum quanti tunc, cum pretiosior facta
sit, fuerit, æstimabitur.* »

Mais, dans les cas nombreux où la loi n'aura pas
déterminé l'époque à laquelle il faudra se placer pour
apprécier la valeur vénale de la'chose, une distinction
est nécessaire. Pour les actions arbitraires et pour les
actions de bonne foi, le juge devra se placer au moment du *judicium rei judicatæ tempus*, car, si le
demandeur avait obtenu satisfaction au jour de la demande, il aurait profité ou souffert des changements
survenus dans la valeur vénale de la chose (2).

Pour les actions *stricti juris*, en principe, c'est au
moment de la litis contestatio que le juge devra faire
son estimation ; ce principe souffrait exception pour
les obligations à terme : dans ce cas, c'était au jour
du terme que le juge devait se placer : « *Si non ali-
qua*, nous dit Gaius (3), *quæ certo die dari debebat
petita sit, veluti vinum, oleum, frumentum, tanti litem æstimandam Cassius ait, quanti fuisset eo die quo
dari debuit; si de die nihil convenit, quanti tunc,
quum judicium acciperetur.* »

Cette doctrine est-elle bien satisfaisante? Elle nous

(1) L. 50, pr., *de furt.*
(2) L. 3, § 2, Dg., *de commodato.*
(3) Gaius. IV, *de cond. tritic.*

paraît contraire au principe que le demandeur doit obtenir tout ce qu'il aurait eu s'il avait reçu entière satisfaction au jour où l'action a été intentée ; de plus, elle est en contradiction avec l'ensemble des décisions romaines, qui veulent que les jugements soient absolutoires, c'est-à-dire que le défendeur puisse toujours éviter la condamnation au moyen d'une satisfaction en nature égale au montant de la demande.

Une opinion de Servius Sulpicius insérée au Digeste, dans la loi 3 (*de cond. triticar.*), semble contredire les textes précédents. Ce jurisconsulte indique comme époque de l'appréciation dans la *condictio triticaria*, qui cependant est de droit strict, le moment de la *condemnatio*. Ce texte a fait le désespoir des commentateurs, qui se sont épuisés en vains efforts pour le concilier avec les autres.

Quelques auteurs ont proposé de remplacer le mot *condemnationis tempus* par *contestationis tempus* (1). On a pensé aussi que le mot *condemnatio* désignait non pas la sentence du juge, mais la partie de la formule qui porte ce nom. Pour nous, nous nous bornerons à constater cette divergence sans essayer de l'expliquer.

3° La chose litigieuse vient à subir, *pendente judicio*, des détériorations physiques, ou à périr même totalement, par cas fortuits. Dans le premier cas, la condamnation devra être diminuée d'autant, et, dans le second, ne sera pas prononcée. C'est l'application pure et simple de ce principe que le demandeur doit avoir les mêmes avantages ou désavantages que s'il avait obtenu satisfaction au jour de la litis contestatio. Or, si le défendeur avait donné satisfaction à ce moment, la chose aurait été détériorée ou perdue pour le demandeur.

Nous pouvons citer, à l'appui de notre opinion, les lois 16, pr., et 36 (Dg., *de rei vindic.*) et la loi 14 (§ 1, Dg., *depos.*)

Un texte semble cependant apporter une dérogation à notre règle, pour un cas spécial (l. 40, pr., Dg., *de hered. petit.*) : si l'on interprétait cette loi à la lettre, le défendeur à l'action en pétition d'hérédité devrait supporter tous les cas fortuits. Cette décision est fort contestée ; cependant de bons esprits s'y rallient. Il est fort probable que la loi ne visait que le possesseur de mauvaise foi, qui devait subir les pertes et détériorations de la chose.

Le défendeur peut être en demeure au jour de la perte ou des détériorations de la chose. Il devra les supporter toutes, car un des effets importants de la *mora* est de mettre les risques à la charge du débiteur.

Nous n'avons parlé que de détériorations ou pertes postérieures à la litis contestatio. La *mora*, nous l'avons vu, n'est pas toujours une conséquence forcée de la litis contestatio ; elle ne produit cet effet qu'autant que le défendeur n'a pas foi en la bonté de sa cause et, néanmoins, aime mieux plaider que payer. (L. 82, § 1, Dg., *de verb. oblig.* ; — 40, pr., Dg., *de her. petit.*) D'où nous concluons que, quand le défendeur sera de mauvaise foi, les risques seront à sa charge, à compter du jour de la litis contestatio.

Pour savoir quelles personnes sont sujets actifs ou passifs du droit nouveau, on applique le principe général : « *Res inter alios judicata aliis neque nocere neque prodesse potest.* » Le droit, né de la litis contestatio, n'existera donc qu'entre le demandeur et le défendeur.

Faisons quelques applications de ce principe :

1° Soient plusieurs *correi stipulandi;* l'un deux intente l'action contre le débiteur commun ; c'est en sa faveur seulement que naîtra le droit d'obtenir une condamnation ; quant aux autres, ils seront déchus de leur droit d'action ;

2° Soient plusieurs *correi promittendi* : celui qui est poursuivi sera seul obligé par le droit nouveau, les autres débiteurs seront dégagés à partir de la litis contestatio.

3° Lorsqu'une action est intentée *nomine alieno,* c'est-à-dire par ou contre un représentant, il faut que la personne qui a été chargée d'intenter l'action en soit le sujet ; c'est ce que nous dit Gaius au Commentaire IV, §§ 86 et 87 : « Celui qui agit au nom d'autrui » (§ 86) fait figurer dans l'*intentio* le nom du *dominus;* » mais la *condemnatio* est en son nom. Il en est de » même dans les actions *in rem.* »

Au parag. 87, Gaius suppose que le représentant est défendeur. « L'*intentio* est conçue au nom du » *dominus*; mais la *condemnatio* est prononcée contre » le représentant. Cependant, dans les actions *in* » *rem*, le nom du défendeur n'a pas à figurer dans » l'*intentio*, parce que le droit de propriété est in- » dépendant des personnes contre lesquelles on » l'exerce. »

On peut donc dire qu'après la litis contestatio, le droit antérieur étant éteint et le droit nouveau étant né dans la personne de celui qui agit *alieno nomine*, celui-ci devient vraiment *dominus litis*. De là, les conséquences suivantes :

Le *procurator ad litem* qui, avant la litis contestatio, ne peut se substituer un représentant, le peut après cette époque, puisqu'il est devenu *dominus litis*.

Rigoureusement, la cession de créances n'était pas possible en Droit romain ; mais on tournait ainsi la difficulté : le créancier constituait celui à qui il voulait céder *procurator in rem suam* ; ce mandat ne transférait pas par lui-même le droit du créancier, il aurait été insuffisant ; mais, lorsque l'action devait être intentée, c'était le *procurator* qui l'intentait *en son propre nom* et qui devenait ainsi, après la litis contestatio, propriétaire irrévocable de la créance. Ce n'était donc qu'à partir de cette époque que la *procuratio* devenait définitive.

Une dernière question nous reste à examiner : Le droit nouveau naissant en la personne du représentant, y a-t-il par cela même extinction du droit ancien vis-à-vis du représenté? Une distinction est nécessaire :

Si le représentant est défendeur, le représenté, après la litis contestatio, est libéré de son obligation antérieure, car on peut libérer une personne même contre son gré. La loi 23 (Dg., *de solutionibus*) est formelle à cet égard : « *Solutione vel judicium pro nobis accipiendo, et inviti et ignorantes liberari possumus.* »

Si, au contraire, le représentant est demandeur, le droit nouveau ne pourra éteindre la créance antérieure du représenté qu'autant que le *procurator* aura reçu, pour plaider, un mandat régulier. Ainsi, un gérant d'affaires ne pourrait priver le créancier de son droit en agissant à sa place (1).

La distinction que nous venons de faire est du reste fort rationnelle, car personne ne peut être privé de ses droits par le fait d'un tiers qui s'immisce sans consentement dans ses affaires.

Enfin, de ce que la *condemnatio* est au nom du représentant il ne faudrait pas conclure que les voies d'exécution compètent toujours pour ou contre lui. Si c'était un *cognitor*, on admettait que le dominus pouvait exercer l'*actio judicati* (317, *Frag. vat.*); si c'était, au contraire, un *procurator*, l'*actio judicati* ne pouvait être exercée que par ou contre lui.

(1) Gaius, Comm. IV, § 101.

---

## CHAPITRE IV.

### LA *LITIS CONTESTATIO* EST-ELLE UNE NOVATION?

Au point où nous en sommes arrivé de notre travail, il n'est pas difficile de répondre à la question de savoir si la litis contestatio est une novation. Remarquons d'abord que le rapprochement entre ces deux institutions a été fait par les jurisconsultes romains. Ulpien (l. 11, § 1, Dg., *de novat.*) nous dit que la délégation peut se réaliser *vel per stipulationem, vel per litis contestationem*; mais c'est surtout Gaius qui nous a fourni les textes les plus précis sur la matière. (Com. III, §§ 180 à 186 ; Com. IV, §§ 106-107. (1)

Nous avons vu qu'il résultait de ces textes que, comme la novation, la litis contestatio éteignait *ipso jure* le droit du demandeur, sous la triple condition que le *judicium* fût *legitimum*, qu'il s'agit d'une action *in jus* et *in personam*. Dans toute autre hypothèse, l'extinction se réalisait par l'exception *rei in judicium deductæ* : mais ce n'est point là tout.

La litis contestatio non-seulement a pour résultat d'éteindre le droit du demandeur, mais encore elle substitue à'ce droit primitif un droit nouveau ; en d'autres termes, comme la novation, elle éteint un droit préexistant par la création d'un nouveau, en sorte que l'on retrouve dans les deux institutions les deux effets

(1) V. encore des textes qui indiquent les différences : (Paul, l. 22, Dg. (XXVI, 7) ; Ulp., l. 28, Dg. (XVIII, 4) ; Id., l. 11, pr., § 1, Dg. (XIII, 7) ; l. 29, Dg., *de novation.*)

essentiels : ce que certains auteurs appellent l'effet
négatif et l'effet positif.

Cet exposé sommaire suffira pour nous faire comprendre pourquoi les Romains, lorsqu'ils ont voulu
résumer en une seule formule brève et précise les
résultats de la litis contestatio, ont songé à la novation : d'où l'expression des modernes : « *Necessaria
novatio.* »

Toutefois il ne faudrait pas croire que les jurisconsultes aient fréquemment employé le mot *novatio* pour
désigner l'effet de la litis contestatio. En dehors du
texte d'Ulpien, précité (l. 11, § 1, Dg., *de novat.*),
dans lequel, d'ailleurs, l'assimilation n'est que sous-
entendue (puisqu'il n'y a pas le mot *novatio*), nous ne
connaissons qu'un texte où l'expression *novatio* soit
employée pour caractériser la litis contestatio ; nous
voulons parler du texte connu de Papinien (*Frag. vat.*,
§ 203) : « *Nec interpositis delegationibus aut inchoa-
tis litibus actiones novavit.* »

Quant à Gaius (Com. III, §§ 180-181), il se borne à
dire : « *Tollitur adhuc obligatio litis contestatione* »,
après avoir parlé de la novation. Or, il est probable
qu'il se fût exprimé autrement s'il n'avait vu dans la
litis contestatio qu'une novation.

Il résulte de ces textes que, dans la langue des jurisconsultes romains, les deux institutions que nous
venons de comparer n'ont jamais été confondues l'une
avec l'autre (1). Nous pouvons ajouter que cette dis-

(1) V. les différences qui sont contenues dans les textes cités à la note
précédente.

tinction dans la forme correspond à des différences
réelles dans le fond : par exemple, l'*animus novandi*
manque dans la litis contestatio, et que, par conséquent, c'est avec raison que la jurisprudence romaine
n'a point vu une *novation* dans l'effet de la litis contestatio.

Pour justifier cette assertion, il suffira de comparer
un à un les principaux effets de la novation avec ceux
de la litis contestatio.

On a déjà vu que la litis contestatio, comme la novation, avait pour effet : 1° d'éteindre une obligation ;
2° d'en créer une nouvelle.

Mais de quelle façon opèrera la litis contestatio ?
Tantôt *ipso jure,* tantôt *exceptionis ope,* tandis que la
novation opère toujours *ipso jure.* Si nous nous pla-
çons dans l'hypothèse où la litis contestatio opère
*ipso jure,* son effet ne sera point pour cela identique
à celui de la novation. En effet, celle-ci éteint le droit
antérieur d'une façon absolue, tandis que la litis contestatio, nous l'avons vu, peut laisser subsister une
obligation naturelle.

La novation étant le produit du concours de deux
volontés, on conçoit que l'extinction de la créance primitive emporte pour le créancier l'extinction des accessoires. Libre à lui de spécifier formellement qu'il
entend conserver l'accessoire en perdant le principal.
Dans la litis contestatio, le créancier qui poursuit son
débiteur qui refuse de le payer, ne consent nullement
à l'extinction de son droit ; car cette extinction, on l'a
vu, n'est que la conséquence de la force des choses.

Il serait donc injuste que le demandeur ici, par le seul fait de sa demande, et contrairement à sa volonté, perdît avec son droit les garanties qui en assuraient l'exécution. En un mot, la litis contestatio ne pourrait empirer la situation du créancier : « *Non deteriorem causam nostram facimus, actionem exercentes.* »

Tel est le principe posé et appliqué par Paul dans la loi 29 (Dig., *de novationibus*). Les conséquences qui résultent de cette différence sont les suivantes :

1° La *novation* fait perdre les priviléges de dot, de tutelle (Paul, 1. 29, Dg., *de nov.*). En général, la *litis contestatio* laisse subsister tous les priviléges attachés à la créance.

2° La *novation* éteint, en même temps que la créance, les gages et les hypothèques qui la garantissent. (Paul, 1. 18, Dg., *de novation.*) — (1)

Il en est autrement de la *litis contestatio*. (L. 13, § 4, Dg., *de pignoribus et hypothec.*)

3° La stipulatio pænæ disparaît par suite d'une novation (1. 15, Dg., *de noval.*); elle subsiste en cas de litis contestatio. (Arg., 1. 90, Dg., *de verborum obligat.*)

4° Enfin, lorsque la dette primitive était productive d'intérêts, la novation les empêche de courir. C'est le contraire qui se produit dans le cas de litis contestatio. (L. 18, Dg., *de noval.*; 1. 35, Dg., *de usuris.*) — (2)

(1) Par convention expresse, le créancier qui nove peut retenir, pour la nouvelle créance, les sûretés réelles de l'ancienne et à leur date primitive: (Ulp., loc. cit.; et l. 3, pr., Dg. (XX, 4.)

(2) Ces deux textes de Paul, que nous trouvons séparés, doivent être réunis et rapprochés l'un de l'autre.

Telles sont les principales différences pratiques qui justifient amplement la distinction faite par les juris-consultes romains entre la *novation* et la *litis contestatio*. Pour être complet, ajoutons, comme différences théoriques :

1° L'absence, dans la litis contestatio, de l'*animus novandi*, essentiel dans la novation ;

2° Le *changement* d'objet dans la litis contestatio, tandis que la novation exige l'*identité* d'objet.

Ajoutons cependant que, dans le dernier état du droit, il semble qu'il y ait eu une tendance générale à l'assimilation entre la litis contestatio et la novation. (L. 60, Dg., *de fidejussoril* .)

---

## CHAPITRE V.

### INCONVÉNIENTS DE LA *LITIS CONTESTATIO* ET MOYENS D'Y REMÉDIER.

La litis contestatio a pour le demandeur un grand avantage : nous avons vu, en effet, qu'en changeant la cause de l'obligation primitive, elle rend transmis-sible aux héritiers ou contre eux l'obligation nouvelle née *quasi ex contractu*. Mais elle présente aussi de sérieux inconvénients : le demandeur déduit-il tout son droit en justice ? il aura épuisé son action, et il lui sera interdit d'agir de nouveau, à cause de la règle : « *Bis de eadem re ne sit actio.* » N'en déduit-il qu'une

partie? il lui est défendu d'intenter son action à nouveau avant l'expiration de la préture actuelle, sous
peine de se voir repousser par l'exception *litis divi-
duæ.*

Enfin la litis contestatio produit un effet encore plus
rigoureux : Soient plusieurs co-obligés : l'un d'eux est
seul poursuivi ; la litis contestatio survenue entre ce
co-obligé et le demandeur aura pour effet de libérer
les autres.

Pour éviter ces conséquences fâcheuses, on eut recours à divers expédients de procédure et même à une
modification des effets habituels de la litis contestatio.

Lorsque la créance était composée de prestations
périodiques, par exemple, lorsque l'on stipulait dix
sous d'or par an, pendant toute la vie du stipulant ;
si après l'échéance de la première annuité le débiteur ne payait pas, le créancier se trouvait dans la
nécessité de le poursuivre. Il devait alors avoir bien
soin, lorsqu'il intentait son action, de faire insérer
en tête de la formule une *præscriptio* ainsi conçue :
« *Ea res agatur, cujus rei dies fuit* (1). » Autrement,
tout son droit ayant été déduit *in judicium*, il ne pouvait plus rien demander, *ex eadem stipulatione.*

Cette *præscriptio* était donc un moyen donné, du
moins du temps de Gaius, dans l'intérêt spécial du
demandeur, qui, paralysant l'effet extinctif de la litis
contestatio, permettait à celui-ci de ne pas courir le
risque de perdre entièrement son droit.

(1) Gaius, Comm. IV, § 131.

Remarquons toutefois qu'en cas de legs de même nature, les choses ne se passaient pas ainsi. On avait décidé, par une sorte de fiction, qu'il y avait autant de legs différents que de prestations à fournir.

Le demandeur pouvait aussi, pour préciser les points sur lesquels il entendait faire porter le litige, recourir à une *interrogatio in jure*. Le débat était ainsi réduit à un seul point, et les parties pouvaient, après la solution donnée, éviter, en prévision de l'issue probable du litige, le procès par des concessions ou des arrangements de toute nature.

L'inconvénient qui persista le plus longtemps fut celui qui résultait de la libération, après la litis contestatio, des co-obligés à la dette. Il ne fut atténué qu'après la disparition du système formulaire. Nous sommes donc amené à examiner ce que devint cette partie de l'instance, après l'établissement des *cogni- tiones extraordinariæ*.

Nous savons que, sous le système de la procédure formulaire, certaines causes étaient jugées *extra ordinem*. Nous avons vu qu'il y avait trois cas principaux où le magistrat prononçait ainsi, sans renvoyer l'affaire à un juge : 1° la demande en exécution d'un fidéicommis ; 2° la demande à l'effet d'obtenir l'*in integrum restitutio* ; 3° la demande en paiement d'honoraires, là où il n'y avait pas eu *locatio operarum*. Le nombre de ces causes, si restreint d'abord, augmenta peu à peu, et la constitution de l'empereur Constance, qui abolit les formules, ne fit que constater en droit, ce qui depuis longtemps déjà existait en fait.

Sous le système de la procédure extraordinaire, lès deux parties de l'ancienne procédure disparaissent, et le juge se confond avec le magistrat. La litis contestatio subsiste cependant, ainsi que le constatent les textes de cette époque ; elle se place *post narra-tionem propositam et contradictionem objectam* : c'est d'ailleurs ce que nous dit Justinien au C. (l. 14, § 1, *de judic.*).

Cette constitution, rapprochée de la loi unique (*de litis cont.*, C.), ne peut que nous confirmer dans l'opinion que nous avons précédemment émise, relativement à la place occupée par la litis contestatio sous la procédure formulaire.

Le changement le plus important qui fut apporté à cette époque est relatif aux fidéjusseurs. La litis contestatio fut impuissante à les libérer, soit que la poursuite ait été dirigée contre le débiteur principal, soit qu'elle l'ait été contre un débiteur accessoire : chacun d'eux n'est plus déchargé *electione sed tantum solutione* (1).

La litis contestatio permet encore de prononcer contre le défendeur une sentence contradictoire, quoiqu'il fasse défaut dans la suite. De plus, nous savons qu'il fallait proposer, *in limine litis*, certaines exceptions, pour qu'elles pussent être prises en considération par le juge : c'est la litis contestatio qui

---

(1) L. 28, Dg., *de fidej. et mand.*

marquait cette époque. Rappelons aussi une modification apportée par Justinien : Cet empereur décida qu'un délai de deux mois devait s'écouler entre la litis contestatio et le commencement de l'instance.

Enfin terminons en disant que, sous le système de la procédure extraordinaire, on est revenu à l'ancien principe : les condamnations ne sont plus pécuniaires et le juge condamne *ad ipsam rem;* dès lors, l'importance de la litis contestatio, au point de vue de l'appréciation de la valeur de la chose due, est beaucoup moindre, et la question ne peut plus se présenter qu'en cas de perte de la chose.

# DROIT FRANÇAIS.

## De la Purge des Priviléges et Hypothèques.

### GÉNÉRALITÉS & HISTORIQUE.

La Purge est le moyen légal accordé au tiers acquéreur d'un immeuble grevé de priviléges et hypothèques, d'affranchir cet immeuble des charges qui le grèvent, en remplissant les formalités prescrites par le Code civil aux chapitres VIII et IX du titre des priviléges et hypothèques.

L'acquéreur fait aux créanciers privilégiés et hypothécaires l'offre du prix convenu ou de la valeur estimative de l'immeuble. Cette offre faite, les créanciers sont placés dans l'alternative de l'accepter ou de la refuser : s'ils l'acceptent, ils consentent par là même à l'extinction de leurs droits réels, et la propriété demeure irrévocablement fixée dans la personne de l'acquéreur, moyennant le paiement de la somme offerte ; s'ils refusent, ils doivent immédiatement requérir la mise aux enchères de l'immeuble grevé. On procède alors à une adjudication qui attribue à l'adjudicataire une propriété libre de toutes charges, en transférant les droits des créanciers sur le prix atteint.

Tel est, en résumé, le mécanisme de la Purge.

Mais, avant d'aborder dans ses détails l'étude de la Purge, il nous semble indispensable d'indiquer, à grands traits, quelle est son origine et quelles sont les diverses phases qu'elle a dû parcourir jusqu'à l'époque du Code civil.

Quelque favorable qu'il fût au développement de la propriété, le Droit romain n'avait pas de système organisé pour purger les hypothèques, du moins en matière d'*aliénation volontaire*. Le tiers acquéreur d'un immeuble hypothéqué n'avait aucun moyen de forcer les créanciers hypothécaires à se produire et à se manifester dans un délai déterminé, et, quoiqu'il fît après son acquisition, il restait soumis au droit de suite, sauf, cependant, le cas où la vente lui avait été consentie par le créancier le plus ancien, le seul qui eût la faculté de faire vendre le gage.

Mais, comme les hypothèques étaient occultes, il était fort difficile d'arriver à connaître ce premier créancier, et on était le plus souvent obligé de s'en rapporter à la parole du propriétaire, qui déclarait son immeuble libre de toutes charges. L'acheteur n'était donc jamais certain de conserver sa propriété, puisque, longtemps après avoir payé son prix d'acquisition, il pouvait être actionné et dépossédé par des créanciers dont il n'avait pu soupçonner l'existence.

En matière d'expropriation cependant, les Romains avaient imaginé une espèce de purge : dans les *ventes publiques,* les créanciers étaient sommés par des signes publics (*programmate publico*) de se faire connaître immédiatement, sous peine de perdre leur droit hypothécaire : « *Possunt videri obligationem pignoris amisisse.* (L. 1, 6, Code, *de remiss. pignoris.*)

Dans notre ancien Droit français, la maxime : « Décret forcé nettoie toutes hypothèques », avait été admise de très-bonne heure. Ce décret, organisé pour les saisies réelles, purgeait, au moyen d'une procédure spéciale, les hypothèques établies sur l'immeuble vendu aux enchères.

Mais, dans les aliénations volontaires, la position de l'acquéreur restait toujours dangereuse. Dans quelques provinces, on avait essayé de remédier au mal en instituant certains procédés de purge : c'est ainsi qu'en Bretagne, l'*appropriance* avait pour but d'investir l'acquéreur de la propriété à l'égard de tous. En Flandre, l'édit perpétuel (1611) des archiducs Albert et Isabelle avait introduit l'usage des lettres de Purge.

Enfin, à l'imitation du décret forcé, on finit par créer le *décret volontaire,* qui permit à l'acquéreur de se soustraire à l'action des tiers ayant à son insu des hypothèques sur sa propriété.

« Le décret volontaire, disait Pothier (procédure
» civile), est un décret par lequel l'acquéreur d'un hé-
» ritage, pour purger les hypothèques et autres droits
» réels créés par ses auteurs, et dont il n'a pas été
» chargé, se le fait adjuger sur une saisie réelle fic-
» tive qu'il fait faire de cet héritage. »

Comme l'explique Ferrière (Dict. de pratique) :
« L'acquéreur créait une dette imaginaire au profit
» d'un ami qui en donnait une contre lettre. En con-
» séquence de cette obligation simulée, l'acquéreur
» de l'héritage se faisait faire, par son ami, un com-
» mandement pour payer, et, sur le refus, cet ami
» saisissait réellement l'immeuble sur l'acquéreur ;
» ensuite, à l'exception du bail judiciaire, on faisait
» les criées et le reste de la procédure, comme dans
» un décret forcé jusqu'à l'adjudication. »

Pour conserver leurs droits, les créanciers devaient
former opposition au paiement du prix ; ils pouvaient
aussi forcer le décret, c'est-à-dire *surenchérir* ou
faire surenchérir par un tiers. Cette faculté était également accordée à l'acquéreur pour conserver son
immeuble, et, si ce dernier restait adjudicataire, il
avait un recours contre son vendeur, lorsque le prix
d'adjudication était supérieur au prix de vente. En ce
cas, le décret, originairement volontaire, était à considérer comme un décret forcé, et, en vertu du principe
que nous avons énoncé plus haut, cet acquéreur, devenu adjudicataire, recevait une propriété libre de
tous les droits réels que ses auteurs pouvaient avoir
constitués.

Malheureusement, cette procédure minutieuse et
compliquée offrait les inconvénients les plus graves et
était onéreuse pour tous : pour le vendeur et les
créanciers hypothécaires qui avaient intérêt à empêcher des frais qui, souvent, absorbaient la valeur des
biens vendus ; pour l'acquéreur qui, ne pouvant de

longtemps se libérer de son prix, était obligé de
payer des intérêts que ne compensaient pas toujours
les fruits produits par l'immeuble. Aussi, on en vint à
stipuler, dans les contrats d'aliénation, que la purge
ne serait pas faite, et le décret volontaire tomba en
désuétude.

Un édit de Louis XV, enregistré en Parlement le
17 juin 1771, l'abrogea définitivement et lui substitua
les lettres de ratification dont la procédure, beaucoup
plus simple, avait de grandes analogies avec le mode
admis par le Code civil pour purger les hypothèques
légales non inscrites des femmes mariées et des
mineurs.

Aux termes des dispositions principales de cet édit,
l'acquéreur qui voulait purger était tenu d'exposer pu-
bliquement un extrait de son titre d'acquisition dans
l'auditoire du bailliage ou sénéchaussée du ressort où
étaient situés les héritages vendus. Cet extrait restait
affiché pendant deux mois, avant l'expiration desquels
aucune lettre de ratification ne pouvait être obtenue
sur ledit contrat. (Art. 8.)

Pendant lesdits mois, tout créancier légitime du
vendeur pouvait se présenter au greffe pour y faire
recevoir une soumission d'augmenter le prix de la
vente au moins du dixième du prix principal, et, dans
le cas de surenchère par d'autres créanciers opposants, chacun devait excéder la précédente d'un
vingtième du prix au moins ; l'acquéreur pouvait conserver l'immeuble en payant le plus haut prix offert ;
c'était le droit de *parfournir*. (Art. 9.)

Dans ce même délai, les créanciers pouvaient, sans recourir au droit de surenchère, faire seulement opposition entre les mains des conservateurs, à l'effet de conserver leurs priviléges et hypothèques (art. 15) ; les oppositions conservaient leur effet pendant trois ans et devaient être renouvelées avant l'expiration de ce délai. (Art. 16.)

S'il ne survenait aucune opposition, les lettres de ratification étaient délivrées purement et simplement, et, dès leur obtention, l'immeuble était définitivement purgé de tous les droits concédés à des tiers par les précédents propriétaires. En cas contraire, le conservateur faisait mention, sur le repli des lettres, des oppositions subsistantes.

Les lettres une fois délivrées et scellées, les créanciers étaient payés sur le prix, par ordre de leurs priviléges et hypothèques.

Comparé au décret volontaire, ce nouveau système réalisait de notables progrès ; la procédure était plus simple, les frais moins considérables ; cependant le vice fondamental de la non-publicité existait toujours, et, comme le fait remarquer M. Grenier (Disc. prélim., p. 26) : « Cet édit, quoique très-utile, n'atteignit pas la » perfection ; les hypothèques restèrent occultes. Les » prêteurs ne se connaissaient pour la première fois » qu'à l'ordre, et c'était seulement alors que plusieurs » acquéraient la fâcheuse certitude qu'ils avaient été » victimes d'une funeste sécurité, contre laquelle ils » n'avaient pu être prémunis par aucune notion » préalable. »

C'est au droit intermédiaire que revient l'honneur d'avoir consacré le principe existant de la publicité des hypothèques, qui a changé entièrement les conditions dans lesquelles s'accomplissait l'ancienne purge.

La première loi qui établit la publicité de l'hypothèque fut la loi du 9 messidor an III. Mais la purge qu'elle organisait était essentiellement fiscale, pleine de dangers pour le vendeur, onéreuse pour les créanciers comme pour le tiers détenteur; l'art. 105 de cette loi, en effet, disposait que, dans le mois qui suivait le dépôt du contrat à la conservation des hypothèques, l'acquéreur devait payer toutes les créances et cédules hypothécaires existant du chef de son auteur ou subir l'expropriation. Une pareille loi souleva la réprobation générale; elle fut reconnue impossible, et l'on dut mettre à l'étude un autre projet établi sur des bases nouvelles. Ce projet aboutit à la célèbre loi du 11 brumaire an VII, une des plus importantes et des plus fertiles en heureuses conséquences de notre Droit.

Sous l'empire de cette loi, toutes les hypothèques, même celles accordées aux mineurs et aux femmes mariées, sur les biens de leurs tuteurs et de leurs maris, devaient être inscrites sur un registre tenu par le conservateur. Avec ce principe absolu de publicité, il ne pouvait donc plus être question de ces oppositions au moyen desquelles les créanciers étaient tenus, sous l'édit de 1771, de se faire connaître. En se faisant délivrer par le conservateur un extrait de son registre,

5

l'acquéreur connaissait facilement le nombre des créanciers inscrits.

Il devait tout d'abord (d'après les termes de l'art. 26) faire transcrire son acte d'acquisition pour opérer la mutation de propriété et pour arrêter le cours des inscriptions hypothécaires ; puis, dans le mois de la transcriptiou de l'acte de mutation, notifier aux créanciers : 1° son contrat d'acquisition ; 2° le certificat de transcription ; 3° d'état des charges et des hypothèques assises sur la propriété, avec déclaration d'acquitter sur-le-champ celles échues et celles à échoir, le tout jusqu'à concurrence du prix stipulé dans son contrat.

Si les créanciers estimaient que l'immeuble hypothéqué ne valait pas plus que la somme offerte, ils acceptaient l'offre, et le paiement du prix convenu éteignait toutes les charges et hypothèques qui grevaient la propriété.

S'ils soupçonnaient, au contraire, que le prix n'avait pas été porté à sa légitime valeur, ils pouvaient, dans le mois qui suivait la notification, requérir la mise aux enchères et l'adjudication publiques de l'immeuble, en s'engageant à faire porter le prix au moins à un vingtième en sus. Ce délai d'un mois et cette somme du vingtième n'ont pas été conservés par notre Code civil, et ce sont les deux points principaux sur lesquels notre législation actuelle diffère, en ce qui concerne la purge des hypothèques inscrites, de celle de l'an VII. Voilà, du moins quant aux dispositions générales, le système de Purge qu'avait organisé la loi de brumaire.

Lors de la discussion du Code civil, quand nos législateurs durent s'occuper de la Purge, on mit en
question sa légitimité. Etait-il équitable de laisser à
l'acquéreur la faculté de purger? devait-on lui permettre de rembourser aux créanciers hypothécaires
des sommes qui peut-être n'étaient pas exigibles?
N'était-ce pas là déroger aux règles mêmes qui concernent les hypothèques?

Dans certains cas, il fallut bien le reconnaître, le
droit du créancier hypothécaire n'était pas strictement
respecté : ainsi, un prêteur trouve à placer une somme
importante garantie par une hypothèque qui le met à
l'abri de tout danger; il se repose sur la foi du contrat
qui lui a procuré ce placement sûr et avantageux,
lorsque, brusquement, on lui retire son gage et on le
somme de recevoir son paiement; en outre, son débiteur a aliéné l'immeuble à de mauvaises conditions,
de sorte que sa créance se trouve compromise. Pressé
par les brefs délais que lui accorde la loi, il lui faut ou
se contenter de la somme qu'on lui offre, et recevoir
ainsi un paiement anticipé, peut-être même partiel,
ou, si l'offre lui paraît inacceptable, requérir la surenchère, trouver une caution, faire des avances de
fonds, et acquérir un immeuble qui ne lui sera peut-
être d'aucune utilité.

Evidemment, lorsque de telles hypothèses viennent
à se présenter, la faculté de purger est très-préjudi-
ciable aux créanciers hypothécaires; mais, fort heu-
reusement, elles sont exceptionnelles, et les doutes
qu'elles ont pu faire naître dans l'esprit des législa-

teurs sur la légitimité de la Purge n'ont pas tenu devant des considérations d'un ordre supérieur (1).

Le plus souvent, en effet, les créanciers se trouveront heureux de toucher immédiatement le montant de leurs créances sans avoir à supporter les frais d'une saisie immobilière qui, presque toujours, donne de moins bons résultats qu'une vente à l'amiable. De plus, la Purge sauvegarde des intérêts considérables, en première ligne desquels il faut citer le développement de l'agriculture et de l'industrie. Comme le disait M. Persil dans son rapport de 1847 : « C'est la substi- » tution de l'argent à l'immeuble, faite sous la garantie » de la loi, autant dans l'intérêt de la conservation des » gages hypothécaires que pour faciliter, sans incon- » vénient et sans danger, la circulation des propriétés » immobilières. Il ne faut pas un grand effort de ré- » flexion pour comprendre que ce serait frapper tous » les immeubles d'inaliénabilité que de ne pas les » mettre, à un moment donné, dans cet état de com- » plète libération et d'affranchissement. »

Enfin, ajoutons à ces considérations, décisives en elles-mêmes, que toutes les législations étrangères qui se sont inspirées du Code civil français ont admis la Purge sans aucune difficulté. Dans les Codes italien et belge, notamment, nous ne trouvons que des différences de détail avec la Purge française.

Le principe de la Purge ainsi justifié, il n'y avait

(1) Certains auteurs soutiennent même, d'une façon trop absolue à notre avis, que la Purge n'offre que des avantages ; par ex., il ne faut pas prendre à la lettre la formule de Laurent : « La purge sauvegarde tous les droits et donne satisfaction à tous les intérêts. »

qu'à l'organiser. Les rédacteurs du Code se trouvèrent en présence de deux systèmes de purge : celui de l'édit de 1771 et celui de la loi de brumaire an VII. Lequel devaient-ils adopter ? La commission du gouvernement reproduisait le premier dans son projet, sauf quelques modifications accessoires, tandis que plusieurs cours, entre autres la Cour de cassation, demandaient le maintien du second.

Après quelques hésitations, les législateurs optèrent pour ce second système. On avait, en effet, confirmé comme règle générale le principe de la publicité des hypothèques, et l'adoption de ce principe préjugeait le succès de cette dernière opinion. Mais on avait reconnu que souvent les maris et les tuteurs négligeaient de faire inscrire les hypothèques que la loi accorde sur leurs biens aux femmes et aux mineurs : pour protéger ces incapables, on les avait dispensés de l'inscription, et, comme il y avait ainsi des hypothèques occultes, il fallut en revenir aux prescriptions de l'édit de Louis XV, afin de mettre leurs titulaires en demeure de se faire connaître.

Ainsi, tandis que la loi de brumaire n'avait établi qu'une seule espèce de purge pour tous les priviléges et pour toutes les hypothèques indistinctement, le Code fut obligé d'en établir deux : l'une concernant tous les priviléges et hypothèques inscrits ; l'autre, dont il n'y a pas de traces dans la loi de brumaire, qui a pour objet spécial les hypothèques légales des femmes mariées, mineurs et interdits, lorsqu'elles n'ont pas été inscrites.

Nous ferons une étude distincte de chacun de ces deux modes de purge ; le premier est réglé par les dispositions du chapitre VIII, le second par les trois articles compris dans le chapitre IX du titre des Priviléges et Hypothèques.

Occupons-nous d'abord des hypothèques légales ou non légales *inscrites*.

---

# PREMIÈRE PARTIE

## Purge des Priviléges et Hypothèques inscrits.

---

### CHAPITRE I".

#### DES PERSONNES QUI ONT LE DROIT DE PURGER.

Purger, c'est forcer le créancier à recevoir un paiement anticipé et souvent partiel ; c'est, en outre, lui enlever, moyennant une indemnité, la garantie sous laquelle il a placé sa créance. La purge apporte donc une modification au contrat principal formé entre le créancier et le débiteur, et au contrat accessoire qui a créé l'hypothèque.

Aussi la loi n'accorde-t-elle la faculté de purger qu'aux *tiers détenteurs* de l'immeuble hypothéqué, et, par *tiers détenteurs,* nous entendons ceux qui, bien qu'actuellement propriétaires ou possesseurs de l'immeuble à libérer, sont restés étrangers au contrat principal, générateur de la dette garantie, et au contrat accessoire, générateur de l'hypothèque ; ceux, en un mot, qui ne sont pas personnellement obligés au paiement de la dette hypothécaire.

Peu importe, d'ailleurs que l'immeuble leur ait été transmis à titre onéreux ou à titre gratuit ; il suffit qu'ils le détiennent actuellement, et que l'action hypothécaire à laquelle ils sont soumis n'ait contre eux d'autre fondement que leur qualité de *détenteur*. Il suit de là que l'acheteur, le co-échangiste, le donataire et le légataire particuliers peuvent exercer le droit de purge, car ils ne manquent à aucun engagement puisqu'ils n'ont point succédé à l'obligation personnelle de leur auteur.

Quelques auteurs, pour désigner la catégorie des personnes qui peuvent purger, adoptent cette formule : « Peuvent purger ceux qui peuvent délaisser (1) ». Mais nous savons que la purge est une dérogation au droit commun hypothécaire, tandis que le délaissement n'en est qu'une application pure et simple. La faculté de purger doit donc, à notre avis, être plus difficilement accordée que celle de délaisser.

(1) Laurent, qui adopte cette formule, est logique, puisqu'il admet que la purge n'est que l'exercice normal du droit hypothécaire.

Parcourons quelques exemples.

On a vivement contesté ce droit au légataire particulier : L'article 2181, a-t-on dit, en déclarant que
l'acquéreur qui veut purger doit faire transcrire son
*contrat,* réserve cette faveur aux acquéreurs par
*actes entre vifs* ; or, le légataire particulier ne devient
pas propriétaire par un contrat. De plus, les articles
2183 {*}, 2184 et 2189 ne parlent que des acquéreurs
à *titre onéreux* et des donataires, et la Purge constitue un privilége exorbitant qui n'est point susceptible d'interprétation extensive. En pareille matière,
les arguments par analogie ne sont pas reçus.

Nous ne pouvons nous rallier à un pareil système :
D'abord, il ressort clairement de l'esprit général de
la matière que le législateur a voulu accorder le droit
de purge à tout tiers détenteur non obligé *personnellement* à la dette. Le légataire particulier ne représente
jamais la personne du donateur ou du testateur ; il
n'est tenu qu'à raison de sa détention de l'immeuble ;
la voie de la purge doit donc lui être ouverte.

De plus, c'est en matière de legs que les créanciers auront le moins à souffrir de la purge : La
somme qui leur est offerte ne suffit-elle pas à les désintéresser intégralement ? ils se feront payer sur les
autres biens de leur débiteur ; si la valeur de ceux-ci
est encore insuffisante, ils demanderont la révocation
des legs.

Enfin, les arguments de textes qu'on invoque contre
nous ne nous semblent pas décisifs : en effet, dans le

Code, on donne souvent le nom de *contrat* à ce qui n'est qu'un acte, qu'un écrit (art. 931). L'art. 2181 a voulu désigner les actes, les titres translatifs de propriété. Quant aux art. 2183*, 2184, 2189, ils ne contiennent pas une énonciation limitative des personnes qui peuvent purger ; ils statuent seulement sur le *plerum que fit* (1).

Nous avons dit que la loi refusait le droit de purger à tout *tiers détenteur personnellement* obligé à la dette. Il est donc évident que le débiteur principal n'a jamais ce droit, soit qu'il ait encore dans son patrimoine l'immeuble hypothéqué, soit qu'il ait acquis, même à titre particulier, l'immeuble hypothéqué par sa caution. — Ce que nous venons de dire du débiteur principal s'applique également à sa *caution* personnelle qui, vis-à-vis du créancier hypothécaire, est tenue des mêmes obligations que celui à défaut duquel elle s'est engagée à payer.

Quant à la *caution réelle*, c'est-à-dire au propriétaire qui, sans s'obliger personnellement envers le créancier, a hypothéqué un de ses immeubles à sa sûreté, devons-nous lui refuser le droit de purger? Nous nous prononçons sans hésitation en faveur de l'affirmative. Certains auteurs cependant, notamment M. Troplong, soutiennent l'opinion contraire. La caution réelle, disent-ils, n'étant point personnellement obligée à la dette, a la faculté de délaisser et, par là même, celle de purger. — Nous avons déjà repoussé

(1) MM. Aubry et Rau, Troplong, P. Pont.

cette assimilation de la purge et du délaissement, et répondu à l'argument.

Ajoutons que si la caution réelle n'est pas personnellement obligée au paiement de la dette, elle n'en a pas moins formé avec le créancier un contrat par lequel elle s'est engagée à garantir son paiement intégral, en tant que son immeuble y pourrait suffire, et à maintenir la sûreté par elle consentie jusqu'à parfait paiement. Or, lui accorder la faculté de purger ce serait lui permettre de retirer au créancier la sûreté hypothécaire qu'elle lui a donnée et de conserver, moyennant une indemnité, ses biens libres et affranchis ; ce serait lui permettre de se soustraire à son gré aux obligations de son contrat ;

Ce serait, enfin, aller contre le texte et l'esprit de la loi : 1° contre le texte, car le droit de purger n'est accordé qu'à un acquéreur, qu'à un nouveau propriétaire qui trouve un immeuble grevé, par d'autres que par lui, de charges hypothécaires ; 2° contre son esprit, car la purge n'a pas été établie pour ce cas.

Nous ne nous sommes occupé jusqu'ici que du débiteur principal et de la caution personnelle ou réelle. Nous allons examiner maintenant quelle est, au point de vue qui nous occupe, la situation de leurs successeurs universels ou à titre universel, et particulièrement de leurs héritiers.

On sait que le défunt est représenté par ses héritiers, qui, étant les continuateurs de sa personne, sont tenus de toutes ses obligations préexistantes ; dès lors, on ne ne peut accorder le droit de purger à l'héritier du débiteur principal ou des cautions. Peu importe le titre en vertu duquel il détient l'immeuble hypothéqué ; que ce soit en sa qualité d'héritier ou par suite d'un titre particulier antérieur à l'ouverture de la succession, l'obligation *personnelle* dont il est tenu est incompatible avec la faculté de purger ; sur ce point, pas de difficultés.

Mais, dans le cas où le débiteur ou le constituant de l'hypothèque a laissé plusieurs héritiers, l'un d'eux ne peut-il pas, après avoir payé la part dont il est per-- sonnellement tenu dans les dettes de la succession, purger l'immeuble hypothéqué qui a été placé dans son lot ? Nous lui refusons ce droit. M. Troplong, cependant, soutient l'affirmative : « L'héritier, dit-il, en » payant sa part de dette, a complètement éteint son » obligation personnelle ; il n'est plus tenu que comme » détenteur de l'immeuble hypothéqué, et se trouve » ainsi placé dans les conditions prescrites par la loi » pour user de la faculté de la purge. Il pourrait dé- » laisser, tout le monde lui accorde ce droit ; or, la » faculté de purger et celle de délaisser étant unies » par la plus étroite affinité, il est permis de raisonner » de l'une à l'autre. »

Nous avons déjà combattu cette opinion, qui consiste à donner à toute personne ayant le droit de délaisser celui de purger. Mais, indépendamment des raisons données plus haut, nous trouvons encore, pour appuyer notre opinion, des motifs décisifs : « Le dé- » biteur qui donne une hypothèque à son créancier,

» dit M. Labbé (1), prend deux engagements bien dis-
» tincts : l'obligation de payer la dette qu'il contracte,
» et l'obligation de laisser subsister entière, jusqu'au
» paiement intégral de sa dette, l'hypothèque qu'il
» constitue. Le premier de ces engagements est en
» général divisible ; le second, au contraire, est indi-
» visible : car il a été implicitement convenu que
» l'hypothèque constituée resterait pleine et entière
» nonobstant les paiements partiels que le créancier
» pourrait recevoir. La faculté de purger n'appartient
» qu'à ceux qui, bien que détenteurs actuels de l'im-
» meuble hypothéqué, sont néanmoins personnellement
» étrangers au double engagement dont il vient d'être
» parlé. Or, si l'héritier qui a payé sa part de dette
» peut être considéré comme étant désormais étranger
» au contrat principal d'où est née la dette garantie, il
» n'en est point de même quant au contrat accessoire
» qui a créé l'hypothèque. L'obligation à laquelle ce
» contrat a donné naissance étant en effet indivisible,
» subsiste pour le tout entre chaque héritier, tant que
» le créancier n'est point entièrement désintéressé.
» Donc, pas plus que leur auteur, aucun d'eux ne peut
» purger. »

Ce que nous disons de l'héritier pur et simple est
également applicable à l'héritier qui n'a accepté la
succession que sous bénéfice d'inventaire : il est, lui
aussi, privé du droit de purger. Nous savons en effet
que, sous le régime de l'acceptation bénéficiaire, le
défunt est réputé *vivre* encore ; l'héritier bénéficiaire

---

(1) M. Labbé. *Revue critique* (t. VIII, p. 211 et suiv.)

n'est, dans ses rapports avec les créanciers de la succession, qu'un simple *administrateur*; c'est le défunt
qui reste le véritable propriétaire de l'immeuble hypothéqué, c'est lui qui est l'*obligé personnel*. L'héritier,
simple administrateur, ne peut donc pas purger, car
il ne peut exercer au nom de la succession un droit
que celle-ci n'a pas.

Mais remarquons toutefois qu'à la différence de
l'héritier pur et simple, qui ne peut jamais purger de
quelque manière que l'immeuble soit entré dans ses
mains, l'héritier bénéficiaire aurait ce droit s'il déte-
nait l'immeuble hypothéqué en une autre qualité que
celle d'héritier, par exemple en vertu d'une adjudication sur licitation : « car alors il se trouve être un
véritable tiers détenteur parce qu'il possède à un titre
nouveau, entièrement distinct de son titre héréditaire,
l'immeuble dont il s'est rendu adjudicataire, et que,
d'un autre côté, il se trouve dégagé, par l'effet du bénéfice d'inventaire, de l'obligation de garantir sur son
propre patrimoine les faits de son auteur (1). »

Par identité de raison, nous refuserons aussi la faculté de purger aux légataires universels et aux donataires de biens à venir, puisqu'aux termes de l'article 1012 « ils sont tenus des dettes et charges de la
succession pour leur part et portion et hypothécairement pour le tout », et que l'obligation hypothécaire
ne comporte pas le droit de purger.

Que décider pour les cessionnaires de droits succes-

(1) MM. Aubry et Rau, liv. III, p. 506, note 27 ; — Civ., cass., 20 février 1862 ; — liv. rej., 28 juillet 1862.

sifs? Sans doute le droit de purge leur appartient en
principe, car ce ne sont que des successeurs à titre
particulier : mais à quel instant pourront-ils l'exercer?
La question est controversée. M. Pont le leur accorde
même avant tout partage (n° 1270); MM. Aubry et
Rau pensent, au contraire, — et c'est à leur opinion
que nous nous rallions, — qu'ils ne peuvent purger
qu'après la cessation de l'indivision et pour les immeubles seuls qui leur sont définitivement échus par
le partage ou sur licitation.

C'est, en effet, une suite nécessaire du principe de
la rétroactivité du partage : tant que la liquidation n'a
pas fait connaître les droits de chaque copartageant,
comment admettre que le cessionnaire puisse être
sommé par les créanciers hypothécaires de payer ou
de délaisser ou, réciproquement, comment pourrait-il
les contraindre à accepter ses offres ou à exercer la
surenchère?

Ce n'est également qu'après la cessation de l'indivision que l'acquéreur d'une part indivise dans un ou
plusieurs immeubles hypothéqués, aura le droit de
purger (1).

Après avoir précisé comment et en quels cas l'acquéreur ou le nouveau propriétaire est privé de la
faculté de purger, comme étant personnellement
obligé à la dette, nous en arrivons à l'étude des droits
en faveur desquels la purge est admise,

Les droits que l'on peut acquérir sur un immeuble

_____

(1) MM. Aub. et Rau, § 203 bis, notes 29 et 30.

hypothéqué ne sont pas tous indistinctement susceptibles d'être purgés, S'ils sont *susceptibles d'être vendus aux enchères*, la purge est possible ; dans le cas
contraire, elle est impraticable. Cela ressort clairement de la prescription de la loi en vertu de laquelle
les créanciers qui ne veulent pas se contenter du prix
offert par l'acquéreur, doivent surenchérir du dixième
et faire ainsi procéder à l'adjudication du droit réel
pour lequel l'offre a été faite.

Il est indiscutable que l'on peut purger la pleine et
la nue propriété des biens immobiliers et de leurs
accessoires reputés immeubles (art. 2204). Sur la
même ligne que les immeubles par nature et par des-
tination nous devons placer les mines concédées par le
gouvernement (loi du 21 avril 1810), les actions im-
mobilisées de la banque de France (décret du 16 janvier 1808) et celle de la Compagnie des canaux
d'Orléans et de Loing (décret du 16 mars 1810).

Mais si nous supposons que l'acquisition ait eu pour
objet non point le propriété elle-même, mais un de ses
démembrements, il faut distinguer.

S'agit-il d'un droit d'usufruit ? Le droit pouvant être
vendu aux enchères (art. 2204), la voie de la purge
est ouverte à l'acquéreur. Mais, si les priviléges ou
hypothèques portent sur la pleine propriété des biens
dont l'usufruit a été détaché après la constitution de
ces droits, les créanciers ne peuvent ils pas exiger la
vente de la pleine propriété ? Bien que les aliénations séparées de la nue propriété et de l'usufruit aient
un caractère aléatoire qui peut écarter les surenché-

risseurs et causer ainsi un préjudice sérieux aux créanciers, il faut répondre non.

En 1841, la Faculté de Caen avait proposé d'introduire dans la loi une disposition en ces termes : « Le droit de purger n'existe pas pour les actes portant *cession d'usufruit* ou d'autres démembrements de la propriété, ni pour ceux qui renferment une réserve d'usufruit ou de jouissance quelconque, pouvant excéder deux années. » Les observations de la Faculté ne furent pas prises en considération, et c'est là, à notre avis, un puissant argument à l'appui de notre opinion.

S'agit-il, au contraire, des autres démembrements de la propriété : des droits d'usage, d'habitation et de servitudes? Ces droits, étant incessibles et par conséquent n'étant pas susceptibles d'être vendus aux enchères, l'acquéreur ne peut les purger; mais nous estimons que si la constitution de tels droits vient à nuire aux créanciers inscrits, ceux-ci peuvent poursuivre leur remboursement immédiat contre leur débiteur, en agissant contre l'immeuble grevé de l'hypothèque ou du privilège sans tenir aucun compte des droits concédés (1).

Cependant dans une autre opinion, acceptée par un grand nombre d'auteurs, on admet que le tiers qui acquiert de tels droits peut les purger en faisant transcrire et en dénonçant son titre aux créanciers inscrits; et comme ceux-ci, dans le cas où le tiers acquéreur leur offrirait un prix dérisoire, n'auraient

(1) M. Pont, §§ 1116 et 1283.

pas la faculté de surenchérir, puisque ces droits
ne sont pas susceptibles d'expropriation forcée, on
leur accorde le choix entre un supplément d'hypothèque et un prix d'estimation par experts du droit
constitué par le propriétaire. (MM. Delvincourt, Persil, etc.)

Jusqu'ici nous avons supposé que le débiteur avait
aliéné l'immeuble purement et simplement. Il peut se
faire aussi que l'aliénation soit affectée d'une condition suspensive ou résolutoire; dans ce cas, le droit
acquis par le nouveau propriétaire pourra-t-il être
purgé? Étudions successivement l'une et l'autre hypothèse.

Constatons tout d'abord qu'à l'égard des translations
affectées d'une condition suspensive, la purge se fera
rarement. La loi exige en effet que l'acquéreur se déclare prêt à payer immédiatement le prix qu'il offre
aux créanciers, autrement, ceux-ci ne pourraient pas
surenchérir : mais ce prix, il n'est pas certain d'avoir
à le payer, car la condition peut défaillir; en tous
cas, il ne le devra qu'au jour où elle sera réalisée, et
le plus souvent il ne voudra pas faire une avance de
fonds.

Cependant, si la question n'offre pas un grand intérêt au point de vue pratique, elle doit être examinée
au point de vue théorique.

Suivant nous, l'acquéreur sous condition suspensive
n'a pas le droit de purger, car aux termes des articles 2181 et suivants cette faculté n'est accordée
qu'au *nouveau propriétaire*, *qu'au tiers détenteur;* ce

6

qui suppose une transmission de propriété définitivement opérée et même réalisée par la translation de possession. (MM. Labbé, loc. cit., Aub. et Rau.)

M. Pont soutient l'opinion contraire : Il s'appuie sur l'art. 2125, qui permet à l'acquéreur, sous condition suspensive, d'hypothéquer l'immeuble, en soumettant l'hypothèque à la même condition, et conclut au droit de purge. Ce que nous venons de dire de l'exclusion tacite prononcée par l'art. 2181 et suivants, refute ce système.

Supposons à présent la vente conclue sous condition résolutoire ; l'acquéreur sous condition résolutoire est dans une meilleure situation que l'acquéreur sous condition suspensive ; il est propriétaire actuellement ; il a intérêt à purger, puisque les créanciers de son auteur peuvent le déposséder ; et il le peut, puisque son droit est susceptible d'expropriation forcée.

Ainsi, dans l'hypothèse d'une vente à réméré, bien que la propriété ne soit transférée à l'acheteur que sous la condition résolutoire : « si le vendeur n'exerce pas le réméré dans le temps convenu, » l'acheteur a le droit de purger la propriété. Mais quel est l'effet de la purge ? Va-t-elle être immédiatement définitive ? Cette question très-délicate est vivement controversée ; pour nous, la purge n'est pas immédiatement définitive ; elle ne le devient que si la condition résolutoire ne se réalise pas. Cette solution dérive des principes sur la purge et sur les conditions.

On lui reproche de n'être pas équitable et de léser les droits que les priviléges et hypothèques confèrent aux créanciers. Ceux-ci ne peuvent-ils pas dire avec raison : D'après notre contrat, nous avons le droit d'exproprier tout tiers détenteur et de faire vendre l'immeuble aux enchères; notre débiteur peut-il, en aliénant son immeuble, nous enlever ce droit acquis? Évidemment non; car il ne le transmet que sous l'affectation des charges qui le grèvent à notre profit.

Dès l'exigibilité de nos créances, nous avons le droit de faire procéder à l'adjudication; or si la purge n'est pas définitive, si l'adjudicataire n'est pas sûr de conserver son acquisition, les enchères ne monteront pas à leur juste prix. Nous éprouverons donc un préjudice qui résultera de la clause qui a fait naître la condition; et cette clause, nous ne pouvons être forcés de la respecter, car elle est pour nous, *res inter alios acta,* puisqu'elle est intervenue entre l'aliénateur et l'acquéreur.

La jurisprudence, s'inspirant de ces considérations, a décidé par de nombreux arrêts, que la purge effectuée par un propriétaire sous une condition résolutoire, spécialement sous la charge de réméré, a *un effet définitif qui survit à l'exercice de la faculté de réméré* (1) Ce système, très-favorable aux créanciers, ne respecte nullement les droits du vendeur à réméré; en effet, celui-ci est resté, malgré le contrat d'aliénation, propriétaire conditionnel : la purge faite par l'ac-

(1) Montpellier, 4 mars 1841; Rouen, 1er juillet 1846; Grenoble, 17 juillet 1840.

quéreur n'a pu le dépouiller de son droit de propriété ;
la réalisation de la condition anéantit l'adjudication ;
il peut donc reprendre son immeuble. M. Pont
(n° 1280) réfute ainsi le système de la jurisprudence :
« La propriété sous condition résolutoire implique une
autre propriété sous condition suspensive en vertu de
cette corrélation nécessaire qui fait que dans tous les
cas où un immeuble appartient à une personne sous
*condition résolutoire*, il y a une autre personne à laquelle ce même immeuble appartient sous *condition
supensive*. Or, chacun de ces droits distincts ayant pu
être distinctement hypothéqué par leurs titulaires res-
pectifs, il impliquerait que la purge faite par l'un eût
son effet d'affranchissement *même* par rapport aux
droits réels constitués par l'autre. Donc l'acquéreur
en réméré n'exonère en purgeant que le droit qu'il
possède et tel qu'il le possède ; et si la purge devient
définitive, comme le décide la jurisprudence, ce ne
peut être que dans le cas où le vendeur n'exerce pas
la faculté de réméré qu'il s'était réservée, et s'il en est
ainsi ce n'est point précisément par l'effet de la purge,
mais en vertu des principes sur les conditions. »

M. Labbé a proposé un système intermédiaire qui
vient au secours des créanciers sans léser l'aliénateur :
D'après lui, le vendeur à réméré conserve une partie
du droit de propriété qui consiste dans la non-perpé-
tuité du droit aliéné, cette portion de propriété, soumise aux droits hypothécaires des créanciers, doit être
purgée comme le droit résoluble de l'acheteur. Si ce
dernier purge, les hypothèques, en cas du retrait, sub-

sisteront néanmoins sur la propriété qui renaîtra dans la personne du vendeur ; mais alors, l'acquéreur venant par subrogation au lieu et place des créanciers désintéressés par lui, primera les créanciers hypothécaires qui auront conservé leurs hypothèques sur le bien revenu dans le patrimoine du vendeur. Si le retrait n'est pas exercé, à l'expiration du délai la portion de propriété restée sur la tête du vendeur fera retour à l'acquéreur ; pour cette portion, un prix devra être offert aux créanciers, et dans le cas où ceux-ci ne voudraient pas l'accepter, le tribunal ordonnerait une estimation par experts dont le montant serait versé aux créanciers non payés.

Ce système est certainement très ingénieux, mais il ne nous semble pas possible de l'accepter, et nous persévérons à regarder comme préférable l'opinion que nous avons adoptée ; elle nous paraît plus conforme aux principes. Sans doute elle est quelquefois peu équitable, et la loi devrait être modifiée sur ce point, mais nous ne pouvons que l'interpréter telle quelle est et non la faire.

Certaines aliénations sont environnées de formalités si essentiellement protectrices des intérêts des créanciers inscrits sur l'immeuble aliéné qu'on a dû admettre que le prix sur lequel elles sont consenties est la représentation exacte de la plus haute valeur du gage hypothécaire. L'acquéreur se libère alors complètement par le paiement ou la consignation de son prix. Ces aliénations sont celles qui ont lieu dans les jugements d'adjudication sur saisie immobilière, celles

sur délaissement et celles sur expropriation converties
en aliénations volontaires.

Le principe que l'adjudication sur expropriation purge
tous les priviléges et hypothèques a été admis de tous
temps. Nous avons déjà dit comment les choses se passaient à Rome, dans ces ventes appelées *subhastatio-
nes*; les créanciers interpellés *programmate publico*,
au moment des ventes poursuivies par autorité du
magistrat, devaient faire valoir leurs droits sous peine
de perdre leur gage. (L. 6, 8, C., *de remis. pign.*).

Dans notre ancien droit, le principe « décret forcé
nettoie toutes hypothèques » n'a jamais été contesté.

Enfin, sous le régime du Code on a toujours également reconnu que les ventes sur saisie transfèrent à
l'adjudicataire, moyennant le paiement du prix, une
propriété libre de toutes les charges hypothécaires
révélées par les inscriptions. Rien n'est plus juste ;
les créanciers sont appelés à la vente pour sauvegarder leurs droits ; ils sont sommés de prendre communication du cahier des charges ; ils peuvent le faire
modifier s'il y a lieu, chercher des acquéreurs et enchérir au besoin.

On comprend dès lors que la loi, après avoir
donné aux créanciers de telles garanties d'obtenir
la plus haute valeur de leur gage hypothécaire, ne
pouvait leur permettre de surenchérir et de rendre
inutile une procédure déjà longue et coûteuse. L'a-
linéa 7 de l'article 717 du Code de procédure, modifié
par la loi du 21 mai 1858, est formel en ce sens : « Le
» jugement d'adjudication dûment transcrit, dit cet

» article, purge toutes les hypothèques, et les créan-
» ciers n'ont plus action que sur le prix. » Il ne fait
aucune distinction entre les hypothèques légales des
femmes, des mineurs et des interdits, et celles qui
naissent d'une convention ; les unes et les autres sont
éteintes, pourvu qu'elles aient été inscrites.

Quant aux hypothèques occultes, avant la loi du
21 mai 1858, la jurisprudence décidait qu'elles n'é-
taient point périmées par l'effet de l'adjudication sur
saisie immobilière. Les titulaires de ces hypothèques,
disait-elle, n'étant point avertis de la vente, ne pouvaient perdre leurs droits à leur insu. Les adjudica-
taires devaient donc faire la purge des hypothèques
légales non inscrites en se conformant aux formalités
des articles 2194 et 2195 ; mais cette obligation en-
trainait de nouveaux frais fort préjudiciables à tous les
intéressés.

La loi du 21 mai 1858 a mis un terme à cet état de
choses ; les art. 692 et 699 (C. de pr.) prescrivent en effet
que les créanciers à hypothèques occultes doivent être
appelés à la vente par la voie de la presse, et même
par une sommation personnelle, s'ils sont connus du
poursuivant. Les créanciers ainsi prévenus, doivent
faire inscrire leurs hypothèques avant la transcription
du jugement d'adjudication, faute de quoi ils perdent
leur droit de suite et ne conservent leur droit de préférence qu'à la condition de produire leurs titres à
l'ordre dans les délais fixés par les articles 717 et 754
du Code de procédure civile. Nous reviendrons du
reste sur cette matière.

Dans les adjudications sur délaissement, la saisie est poursuivie contre un curateur nommé *ad hoc*, au lieu de l'être contre le propriétaire, mais la procédure est la même que pour la saisie immobilière.

L'adjudication sur conversion de saisie réelle en une vente volontaire sera assimilée à la saisie immobilière ou à la vente volontaire, suivant que la conversion aura eu lieu ou non après l'accomplissement des formalités prescrites par les art. 692 et 690 du Code de procédure civile. — Au premier cas, les créanciers ayant été appelés à la vente et mis à même de la surveiller, devront se contenter du prix qui aura été fixé en leur présence et de leur consentement, et l'adjudication sera vis-à-vis d'eux stable et définitive. — Au cas contraire, l'adjudication prendra tous les caractères d'une vente volontaire et elle en aura tous les effets..

Cet effet se produit encore dans les adjudications prononcées sur surenchère, soit du dixième après aliénation volontaire suivie de purge, soit du sixième après les ventes faites en justice, soit enfin du dixième dans le cas prévu par l'article 573 du Code de commerce. Des questions controversées se rattachent à ce cas ; nous les examinerons quand nous nous occuperons de la surenchère.

Les aliénations pour cause d'utilité publique purgent aussi toutes les hypothèques inscrites et occultes ; dès qu'elles ont lieu, le droit des créanciers est converti en un droit de préférence sur l'indemnité accordée, qui est substituée à l'immeuble et en représente le prix. (Loi du 3 mai 1841.)

Le jugement d'expropriation doit être publié et transcrit ; les créanciers ont quinze jours pour s'inscrire, à partir de la transcription. « A défaut d'inscription dans ce délai, dit l'art. 17, l'immeuble exproprié » est affranchi de .tous privilèges et hypothèques, de » quelque nature qu'ils soient, sans préjudice des » droits des femmes, mineurs et interdits sur le mon- » tant de l'indemnité, tant qu'elle n'a pas été payée ou » que l'ordre n'a pas été réglé définitivement entre les » créanciers. » Le dernier alinéa de ce même article ajoute que les créanciers inscrits n'ont, dans aucun cas, la faculté de surenchérir ; mais ils peuvent exiger que l'indemnité soit fixée conformément au titre IV, c'est-à-dire par le jury spécial qui en est chargé.

Aucune action réelle ne peut arrêter l'expropriation ni en empêcher l'effet ; le droit des réclamants est transporté sur le prix et l'immeuble en demeure affranchi. (Art. 18.)

Lorsque la valeur de l'immeuble exproprié ne s'élève pas au-dessus de cinq cents francs, l'administration peut, sans accomplir aucune formalité, payer le prix convenu ; mais elle le fait à ses risques et périls, et ce paiement laisse subsister les droits des tiers.

---

## CHAPITRE II.

### DE LA PROCÉDURE DE LA PURGE.

Sous ce titre : « de la Procédure de la Purge », nous traiterons : 1° des formalités et des conditions que doit remplir le tiers détenteur ; 2° du droit qui appartient aux créanciers hypothécaires de requérir la mise aux enchères des immeubles dont le tiers détenteur poursuit la purge ; 3° du jugement d'adjudication et de ses effets. Nous diviserons donc notre chapitre en trois sections, qui prendront pour titre : la première, *du rôle du tiers détenteur* ; la deuxième, *du rôle des créanciers* ; la troisième, *du jugement d'adjudication et de ses effets*.

### Section A. — Du rôle du tiers détenteur.

Le tiers détenteur qui veut purger doit d'abord faire transcrire son acte d'acquisition ; puis, faire aux créanciers inscrits des notifications destinées à porter à leur connaissance les conditions de l'acquisition et l'état des charges hypothécaires qui pèsent sur l'immeuble ; enfin, il doit leur offrir le paiement immédiat de leurs créances exigibles ou non, jusqu'à concurrence du prix ou de la somme proposée par lui comme représentative de la valeur de l'immeuble.

### § 1er. — De la Transcription.

Aux termes de l'art. 2181, « les contrats translatifs » de la propriété d'immeubles ou droits réels immobi- » liers que les tiers détenteurs voudront purger des » priviléges et hypothèques, seront transcrits en en- » tier par le conservateur des hypothèques dans l'ar- » rondissement duquel les biens sont situés. Cette » transcription se fera sur un registre à ce destiné, et

» le conservateur sera tenu d'en donner connaissance
» à tout requérant. »

Quel est l'objet de la transcription dont parle notre
article? Quand et où doit-elle avoir lieu? Comment et
dans quelle mesure doit-elle être faite? Ce sont là
autant de questions diverses que nous allons successivement examiner.

Et d'abord, quel est l'objet de la transcription que
la loi place ici en tête des formalités de la purge? Ce
point, fixé aujourd'hui d'une manière certaine, a eu
en législation des phases diverses, et l'on peut même
dire qu'il y a peu de questions, dans notre Droit, qui
aient suscité plus de controverses et de difficultés de
toutes sortes.

Sous l'empire de la loi du 11 brumaire an VII, les
actes translatifs de biens et droits susceptibles d'hypothèques devaient, aux termes de l'article 26, être
transcrits sur les registres du bureau de la conservation des hypothèques dans l'arrondissement duquel
les biens étaient situés. Jusque-là, ils ne pouvaient
être opposés aux tiers qui avaient contracté avec le
vendeur et qui s'étaient conformés aux dispositions de
la loi.

Ainsi, la mutation de propriété n'était opérée, à
*l'égard des tiers*, que par la transcription, et, tant
qu'elle n'avait pas été faite, le vendeur pouvait vendre
ou hypothéquer la chose à un autre. A partir de la
transcription, au contraire, l'aliénateur ne pouvait
plus concéder aucun droit sur l'immeuble, et le cours
des inscriptions était arrêté. Son effet était donc bien

défini et très-important : c'était elle qui permettait à l'acquéreur d'obtenir un état complet des inscriptions prises sur l'immeuble et de mettre les créanciers en demeure de choisir en parfaite connaissance de cause.

Les rédacteurs du Code ont calqué la purge des priviléges et hypothèques inscrits sur le système créé par la loi de brumaire ; trouvant la transcription ordonnée comme préliminaire de cette procédure, ils l'ont reproduite sans songer qu'elle ne serait d'aucune utilité si la publicité des mutations de propriété n'était pas conservée. C'est ce qui arriva.

La commission de rédaction du Conseil d'État avait bien été d'avis de maintenir la disposition de l'art. 26 de la loi de brumaire et de ne permettre d'opposer aux tiers les actes translatifs de propriété qu'autant qu'ils auraient été transcrits. Mais ce projet défendu par M. Treilhard, fut vivement combattu par M. Tronchet, qui le représenta *comme contraire aux principes de la matière* et *comme entièrement fiscal*. Le Conseil d'État n'eut point à se prononcer sur la question, car à la suite d'une discussion incidente, ce projet disparut : l'article 26 de la loi de brumaire ne passa donc point dans le Code civil.

La transcription ne fut plus alors qu'un préliminaire obligé de la purge hypothécaire, un moyen prescrit pour arriver à la purge des hypothèques qui *se trouvaient inscrites avant la vente*. On partait en effet du principe posé par l'art. 1583, d'après lequel la vente est parfaite et la propriété transmise à l'acquéreur par le seul consentement des parties ; et l'on en tirait la

conséquence que l'acquéreur qui avait reçu l'immeuble sans inscription devait le garder tel qu'il lui
était parvenu au moment où ses droits avaient été
fixés ; l'aliénation *seule* purgeait les hypothèques *non
inscrites.*

Ainsi donc, sous le Code, la transcription étant tout
à fait étrangère à la question de propriété, ne fut plus
nécessaire pour mettre l'acquéreur à l'abri des inscriptions. Telle fut l'opinion généralement admise par
la doctrine et la jurisprudence (1).

Cette solution essentiellement protectrice pour le
tiers acquéreur était fort compromettante pour le
créancier qui pouvait perdre par le seul fait de la
vente, consentie à son insu par le débiteur le droit
réel qu'il avait sur l'immeuble grevé de la créance.

D'un autre côté, elle portait une grave atteinte aux
intérêts du fisc dont elle diminuait les produits. L'administration de l'enregistrement protesta. S'appuyant
sur une faute d'impression échappée dans le rapport
de M. Grenier au Tribunat, et argumentant des articles 2182 et 2198 pour prouver que l'aliénateur ne
transmettant l'immeuble qu'avec les charges qui le
grevaient, les hypothèques ne pouvaient être périmées
par l'effet de l'aliénation, elle ordonna aux conservateurs d'inscrire, sans hésiter, toutes les inscriptions
qu'on leur présenterait jusqu'à la transcription des
contrats des tiers acquéreurs.

Mais la véritable opinion de M. Grenier fut bientôt

(1) C. de Cass., 20 juin et 13 décembre 1813, etc. Merlin, Grenier,
Tarrible.

découverte, et aux arguments tirés des art. 2182 et
2198 on opposa l'art. 2166 qui exige des créanciers
une hypothèque *inscrite* pour avoir le droit de suite.
Enfin un avis du Conseil d'État du 11 fructidor an XIII
vint confirmer le système de la jurisprudence.

La Régie ne céda pas. Sur ses instances, l'avis du
Conseil d'État ne fut pas inséré au *Bulletin officiel*,
et la question fut de nouveau examinée à la séance du
Conseil d'État du 11 mars 1805 ; il fut décidé que
l'on glisserait dans le Code de procédure quelques
dispositions par lesquelles on consacrerait ce *changement* fait au Code civil.

En effet, les art. 834 et 835 du Code de procédure
décidèrent que les créanciers non inscrits avant la
vente auraient le droit de le faire non-seulement jusqu'à la transcription mais encore dans la quinzaine qui
suivrait ; si, dans les délais légaux, ils n'avaient pas
requis la mise aux enchères, le nouveau propriétaire
n'était obligé qu'au paiement du prix par lui offert.
La Transcription recouvrait ainsi une partie de son
utilité. La loi du 23 mars 1855 la lui a rendue toute
entière.

Cette loi, en abrogeant les articles 834 et 835 du
Code de procédure et en décidant que la propriété
n'est transférée, *à l'égard des tiers* que par la Transcription, est revenue au système de la loi de brumaire
an VII. La Transcription reste bien, comme sous l'empire du Code civil un acte préliminaire à la purge ;
mais loin d'être inutile comme elle l'était autrefois,
elle a aujourd'hui un sens net et précis. « On conçoit à

» merveille, dit M. Pont, n° 1288, que la Transcription
» soit présentée comme un préalable obligé de la
» purge, dans un système qui fait de cette même
» transcription une condition nécessaire pour la trans-
» mission de la propriété. Cela revient à dire que la
» Transcription, pouvant seule opérer le transport de
» la propriété par rapport aux tiers, peut seule aussi
» créer la faculté de purger, cette faculté ne pouvant
» appartenir qu'au propriétaire. »

La loi ne fixe aucun délai pour transcrire; mais il
est évident que l'acquéreur doit se hâter de remplir
cette formalité, puisque jusque-là l'aliénateur peut
consentir de nouvelles charges et les créanciers prendre
de nouvelles inscriptions. Mais quelque empressement
qu'il mette à transcrire, il n'est astreint à aucun délai
pour procéder à la purge qui est toujours facultative
pour lui.

Aux termes de l'art. 2181, que nous avons repro-
duit plus haut la transcription est faite par le conservateur des hypothèques sur un registre *à ce destiné*,
c'est-à-dire, sur un registre distinct de celui des inscriptions; et le conservateur est tenu de transcrire
en entier l'acte translatif de propriété. Cependant il
ne faut pas prendre cette disposition trop à la lettre :
ce que veut la loi, c'est que toutes les conditions de
l'aliénation figurent sur le registre, non pas en abrégé,
mais en entier; mais il est certain que l'acquéreur ne
peut être forcé de faire insérer dans la transcription
les dispositions relatives à des opérations étrangères
à la translation de propriété.

On a discuté la question de savoir si le conservateur devait transcrire les actes sous seings privés. Dans une circulaire du 25 nivôse an VIII, le ministre de la justice avait décidé qu'on ne pourrait transcrire, à l'effet de purger, que les actes authentiques ou ceux sous seings privés, formellement reconnus; mais le Conseil d'État, par un avis du 3 floréal an XIII, condamna cette décision et décida que les contrats à titre onéreux devaient être transcrits, de quelque façon qu'ils fussent constatés.

Les rédacteurs de la loi du 23 mars 1855 ont confirmé le système admis par le Conseil d'État. Il ne pouvait en être autrement, car, du moment qu'on rétablissait la transcription, comme moyen unique de consolider la propriété à l'égard des tiers, on ne pouvait refuser d'y admettre les actes sous seings privés : c'eût été les prohiber pour les aliénations volontaires.

L'art. 1er de la loi du 23 mars 1855 n'impose l'obligation de transcrire, en principe, que les actes *entre vifs* translatifs de propriété immobilière ou de droits réels susceptibles d'hypothèques. De cette expression *entre vifs*, on a voulu conclure que l'obligation de la transcription ne s'appliquait pas au légataire particulier. La réponse est facile : le légataire particulier n'a certainement pas besoin de transcrire pour opposer à tous son droit de propriété qui résulte du testament ; mais nous venons de voir que la transcription est le préliminaire indispensable de la purge : donc, lorsque le légataire voudra purger, — ce qu'il doit être admis à pouvoir faire, — elle lui sera tout à la fois possible et nécessaire pour ce but spécial.

Il nous reste à examiner une question importante sous l'empire des articles 834 et 835 du Code de procédure. On se demandait si, lorsqu'un immeuble avait été vendu plusieurs fois successivement, l'acheteur qui voulait purger devait faire transcrire, outre son contrat d'acquisition, tous les actes des précédents propriétaires qui n'avaient pas accompli cette formalité. La question était très-controversée.

Certains auteurs exigeaient la transcription de tous les contrats.

D'autres, en plus grand nombre, faisaient une distinction. Le dernier contrat contenait-il la nomenclature exacte de tous les précédents vendeurs? la transcription qui en était faite suffisait pour mettre en demeure tous les créanciers sans distinction; si, au contraire, le dernier contrat ne contenait pas cette nomenclature, on exigeait la transcription de tous les contrats antérieurs.

Enfin, la jurisprudence de la Cour de cassation (Cass., rej., 13 décembre 1813 et 14 janvier 1818) s'était toujours prononcée contre cette distinction : elle décidait, — avec raison selon nous, — que, dans tous les cas, il suffisait de transcrire le dernier contrat : l'article 2181 n'exigeait que cette seule transscription; et, en décidant ainsi, on se conformait non-seulement au texte de la loi, mais encore à son esprit; car elle avait voulu faciliter la purge, et la multiplicité des transcriptions aurait entravé cette

7

faculté en augmentant considérablement les frais.

Depuis la loi du 23 mars 1855, l'opinion de la Cour de Cassation nous semble devoir encore être suivie, et le dernier acquéreur pourra purger en ne faisant transcrire que son contrat. Mais remarquons qu'au point de vue de la translation de propriété, les droits de cet acquéreur resteront imparfaits. La transcription, en effet, a aujourd'hui pour but d'opérer la mutation de propriété à l'*égard des tiers*, et tant qu'elle n'a pas été faite, la propriété continue à résider, relativement à eux, sur la tête de l'aliénateur.

Ainsi Primus vend un immeuble à Secundus : tant que celui-ci n'a pas fait inscrire son contrat, Primus peut concéder à des tiers, des droits que ceux-ci conserveront sous la seule condition de se mettre en règle avant Secundus.

Secundus vend l'immeuble à Tertius ; si celui-ci fait transcrire son contrat, les tiers qui ont acquis des droits de Primus les conserveront, car pour eux Primus est toujours propriétaire, puisque la condition requise pour le déposséder à leurs yeux n'a pas été remplie. Il sera donc nécessaire pour que Primus ne puisse plus concéder de nouveaux droits que Tertius fasse transcrire les contrats des précédents propriétaires.

La question d'ailleurs n'offre plus grand intérêt ; elle ne pourra se présenter qu'à l'occasion de quelques contrats anciens parce qu'en présence de la loi nouvelle, il est peu probable que la formalité de la transcription soit désormais négligée.

Signalons en terminant ce paragraphe, les dispositions de l'article 2182 « là transcription n'opère pas la
purge des hypothèques. Le vendeur ne transmet à l'acquéreur que les droits qu'il avait lui-même et sous
l'affectation des mêmes priviléges et hypothèques dont
était grevé l'immeuble vendu. »

Ces deux propositions sont évidentes, et elles n'a-
vaient certes pas besoin d'être consacrées par un
article du Code.

### § II. — *Notifications.*

Le but de la purge et sa nature indiquent clairement
qu'il est de toute nécessité pour les créanciers de
connaître exactement la situation hypothécaire de l'immeuble et les conditions de l'aliénation. Nous avons
dit, en effet, que la loi place les créanciers dans l'alternative soit d'accepter le prix que leur offre le tiers
détenteur, soit de requérir la mise aux enchères de
l'immeuble hypothéqué. Comment donc pourraient-ils
opter entre ces deux partis s'ils n'étaient pas exactement renseignés. Aussi la loi a-t-elle pris toutes les
précautions nécessaires pour arriver à ce résultat.

Le tiers détenteur, après avoir consolidé la propriété sur sa tête en faisant transcrire son titre, reste
entièrement libre d'user de la faculté qui lui est offerte
de purger son immeuble des priviléges et hypothèques qui le grèvent, ou de renoncer à cette faculté.
Il est libre également de commencer la procédure de
la purge quand bon lui semble, sans être obligé d'attendre la poursuite des créanciers, et sans avoir be-

soin de mettre son auteur en demeure de lui rapporter main-levée des inscriptions : Telle est la règle (1).

Mais il peut arriver que les créanciers hypothécaires, devançant le tiers acquéreur, commencent contre lui des poursuites : Dans ce cas, bien que la purge reste facultative pour l'acquéreur en ce sens qu'il peut toujours y renoncer, la loi lui assigne un délai, dans lequel il doit nécessairement se prononcer : l'art. 2183 dit, en effet, que devancé par les créanciers, le nouveau propriétaire doit notifier, « dans le mois au plus tard à compter de la première sommation qui lui est faite, etc. »

On a prétendu que la première sommation, dont parle l'art. 2183 est une sommation *préalable de purger*, signifiée au tiers détenteur pour le mettre en demeure d'exercer cette faculté (Nîmes, 6 juillet 1812 ; Riom, 31 mai 1817). Mais on ne rencontre dans la loi aucune trace de cette *sommation de* purger, et il est certain qu'il est ici question de la sommation de *purger ou de délaisser*, visée par l'art. 2169, la seule qui puisse faire courir contre le tiers détenteur le délai préfix, à l'expiration duquel il est déchu de la faculté de purger (2).

Il y a bien cette différence entre les deux textes que le délai est fixé à *trente jours* dans l'art. 2169, tandis qu'il est parlé *d'un mois* dans l'art. 2183 ; mais lors de

(1) La nouvelle loi hypothécaire belge déroge sur ce point au code civil. Elle établit que le tiers détenteur ne pourra purger que sous la condition de faire les notifications prescrites dans l'année de la transcription de son titre.

(2) Angers, 15 nov. 1849 ; Paris, 6 oct. 1853, MM. Pont, Aub. et Rau.

la confection du Code, le mois, d'après le calendrier gré-
gorien encore en vigueur, se composait invariablement
de trente jours ; nous admettrons donc que les trente
jours dont il est question dans le premier article et le
mois dont parle le second ne sont qu'une et même
chose (1).

Dans ce délai, on ne doit pas compter le *dies a
quo* exclu naturellement par le mot *après* de l'article 2169. Quant au *dies ad quem*, c'est le dernier où
les notifications puissent être faites, car le lendemain
naîtra au profit des créanciers, le droit d'exproprier le
tiers détenteur. C'est en effet, un délai de rigueur,
que les tribunaux n'ont jamais le droit de proroger.

Les mots « *première sommation* » indiquent que
la sommation faite par l'un des créanciers suffit pour
faire courir à l'égard de tous le délai dans lequel le
tiers détenteur doit purger, pourvu toutefois, que les
formalités exigées par la loi aient été régulièrement
remplies, et que la sommation ainsi que le commandement de payer, fait au débiteur primitif, conformément à l'art. 2169 ne soient pas tombés en péremption.

Dès que le délai est expiré, chaque créancier peut
opposer la déchéance, lors même que l'auteur de la
sommation, ayant été desintéressé, se serait désisté
sans avoir continué les poursuites ; car ce n'est pas
une renonciation au droit acquis, mais un simple dé-
sistement de la procédure.

Donc, si un second créancier veut reprendre la

_____

(1) C'est la solution adoptée par la loi belge qui rétablit l'harmonie
entre les deux dispo_itions.

poursuite il n'aura pas besoin d'adresser une nouvelle sommation ; mais un second commandement sera nécessaire, car il ne peut y avoir de procédure en expropriation valable, sans un commandement fait par le poursuivant au débiteur.

Depuis la loi du 23 mars 1855 qui a abrogé les art. 834 et 835 du code de procédure, c'est seulement aux créanciers inscrits avant la transcription du titre du tiers acquéreur et portés sur l'état délivré par le conservateur des hypothèques que les notifications doivent être faites.

Mais elles doivent être adressées aux créanciers individuellement même dans le cas où leur créance serait commune, où ils n'auraient qu'un seul domicile et où ils n'auraient fait au tiers détenteur qu'une seule sommation. C'est ce qu'a décidé la cour de Bourges. (Arrêt du 9 janvier 1857). « La créance commune, a-« t-elle dit avec raison, étant par sa nature essentiel-« lement divisible, les divers propriétaires de la « créance forment autant de créanciers. Quoiqu'ils « procèdent conjointement, leurs droits ne cessent « pas d'être distincts. Chacun d'eux ayant le droit de « surenchérir, doit par conséquent être mis en de-« meure, comme s'il avait procédé seul. »

Les notifications doivent être adressées aux domiciles élus par les créanciers dans leurs inscriptions, nonobstant tous décès. Si un créancier a omis d'élire domicile dans son inscription, le tiers détenteur n'est tenu de lui faire aucune notification. Cet oubli entraînera-t-il pour ce créancier la perte de son inscription?

La Cour de cassation tient pour l'affirmative, et sa jurisprudence s'est toujours montrée invariable sur ce point. Pour nous, nous pensons, avec le plus grand nombre des auteurs (1) que cette omission, ne portant pas sur une énonciation essentielle, l'inscription sera valable et que le créancier renseigné en temps utile, pourra surenchérir et intervenir à l'ordre.

Si tous les créanciers inscrits et qui ont élu domicile ne reçoivent pas les notifications prescrites, la purge n'en sera pas moins valable. Elle sera incomplète, il est vrai, et les créanciers omis conserveront entière leur action hypothécaire, mais ceux à qui les notifications auront été faites ne pourront pas se prévaloir de l'oubli commis pour contraindre le tiers acquéreur à payer ou à délaisser, car ils ne peuvent user d'un droit qui ne leur appartient pas.

Cependant, lorsque l'omission provient de la faute du conservateur qui n'a pas délivré un état exact des créanciers inscrits, la purge est irrévocable à l'égard de *tous* : l'immeuble est affranchi même des charges omises, pourvu que la transcription ait été effectuée avant la réquisition du certificat.

Le conservateur est responsable envers le créancier du préjudice qu'il lui a causé, à moins qu'il ne puisse prouver que l'erreur provient de l'insuffisance des indications contenues dans les bordereaux d'inscription, et que de là est venu le défaut de mention dans l'état qu'il a présenté. Dans ce cas, il est com-

(1) MM. Pont, Tarrible, Delvincourt, Alger 21 novembre 1866. Paris, 9 août 1831, etc.

plètement à l'abri et c'est au créancier à supporter les conséquences de sa faute, « sans préjudice néanmoins, « dit l'art. 2108 du droit de ce créancier de se faire « colloquer, suivant l'ordre qui lui appartient, tant que « le prix n'a pas été payé, ou tant que l'ordre fait « entre les créanciers n'a pas été homologué. »

Enfin, les notifications sont faites d'après le mode réglé par l'art. 832 du Code de procédure : c'est-à-dire par un huissier commis par le président du Tribunal civil de première instance de l'arrondissement où elles ont lieu et elles doivent contenir constitution d'avoué.

Ce mode fixé par la loi a fait naître une question d'attribution entre les avoués et les huissiers ; à qui appartient le droit de dresser et de composer l'extrait et le tableau à insérer dans les notifications ? A qui le droit de faire les copies de l'extrait?

La première question a été définitivement résolue en faveur des avoués par plusieurs arrêts et entre autres par un arrêt de la Cour de cassation (Cass., rej., 20 août 1845); quant à la seconde, plusieurs arrêts l'ont résolue également en faveur des avoués, tandis que d'autres ne leur accordent qu'un droit de concurrence.

Occupons-nous maintenant de ce que doivent contenir les notifications : Elles doivent, d'après l'art. 2183, renfermer les documents suivants.

1° Un extrait du titre d'acquisition indiquant : la date et la qualité de cet acte ; le nom et la désignation précise de l'aliénateur; la nature et la situation de la

chose aliénée ; et, s'il s'agit d'un corps de biens, la dé-
nomination générale du domaine et des arrondissements dans lesquels il est situé ; enfin le prix d'acquisition, et les charges qui en font partie, ou l'évaluation de la chose, en cas de legs ou de donation.

La loi du 11 brumaire an VII exigeait la notification, non pas d'un extrait, mais du contrat d'acquisition tout entier. La disposition du Code nous semble
préférable au point de vue surtout de la clarté ; l'extrait fera mieux ressortir aux yeux des créanciers les
dispositions importantes.

La date et la qualité du titre leur permettent de le
rechercher et de voir s'il s'agit d'une vente, d'une donation, etc. ; le nom et la désignation de l'aliénateur,
de voir si celui-ci avait bien le droit d'aliéner. L'indication de la nature et de la situation des biens aliénés leur
permet de vérifier l'identité de ces biens avec ceux
qu'ils ont pour gage ; enfin, par l'indication du prix et
des charges qui en font partie, ils peuvent reconnaître
si l'acquéreur leur offre une somme représentative de
la valeur de leur gage, s'ils doivent s'en contenter ou
requérir la surenchère.

On entend ici par prix toutes les prestations que
l'acheteur doit payer au vendeur lui-même et par
charges du prix, celles que le nouveau propriétaire,
pour acquérir la propriété de l'immeuble, s'est obligé à
payer en sus du prix et qui sans revenir directement
au vendeur, lui profitent néanmoins : Telle est l'obligation contractée par le nouveau propriétaire, d'acquitter des impôts arriérés, les frais de purge, etc. ;

mais il ne faut pas y ranger tout ce que l'acheteur doit payer sans que cela profite directement ou indirectement au vendeur, par exemple les frais d'acte ou d'enregistrement.

Lorsque l'immeuble a été l'objet d'une donation (c'est l'hypothèse que prévoit notre article 2183) le nouveau propriétaire doit préciser une somme à laquelle il évalue l'immeuble ; nous appliquerons cette décision à tous les cas où les titres translatifs tels qu'échange, testament, ne comportent pas l'expression d'un prix.

L'article 2192 prévoit une hypothèse que nous devons examiner ici : la loi suppose que le tiers détenteur a acheté *unico pretio*, soit des immeubles et des meubles, soit plusieurs immeubles dont quelques-uns seulement sont hypothéqués, soit enfin plusieurs immeubles tous hypothéqués, mais situés dans des arrondissements différents. Dans tous ces cas, le tiers acquéreur doit déterminer par ventilation le prix particulier pour lequel il a entendu acquérir chacun des immeubles qu'il s'agit de purger.

Cette ventilation, toutes les fois qu'elle est nécessaire, est à la charge du nouveau propriétaire, et le vendeur aussi bien que les créanciers ont qualité pour contester la déclaration qui a été faite (1). Ajoutons que la ventilation ordonnée par l'art. 2192 est aussi nécessaire que la déclaration du prix dans l'espèce de l'art. 2183. L'une et l'autre sont indispensables pour que

(1) Orléans, 14 juillet 1846.

le créancier puisse se déterminer sur le parti qu'il doit
prendre, et si le nouveau propriétaire qui a omis de
faire la ventilation n'est plus dans le délai d'un mois
prescrit par l'art. 2183, il doit être déclaré déchu
(Pont. n. 1310) (1).

Nous venons de voir que, lorsque le titre ne comporte pas l'expression d'un prix, il doit y avoir une
évaluation : Doit-il y avoir aussi une évaluation des
charges? La question est controversée. La plupart
des auteurs tiennent pour l'affirmative ; la Cour de
cassation au contraire (arrêt du 11 mars 1829) admet la négative ; ce serait ajouter à la loi, dit-elle, et
imposer à l'acquéreur une obligation qui ne doit pas
lui incomber.

2° « Un extrait de la transcription de l'acte de
vente. » La loi de brumaire an VII voulait qu'on notifiât le titre d'acquisition, et en outre, un *certificat* de
la transcription. Il est probable que c'est de ce *certificat de transcription,* qu'il s'agit ici. Sans cela cette
seconde prescription se confondrait avec la première.

Enfin, en parlant de la transcription de l'*acte de
vente,* il est certain que la loi n'a prévu que le *plerum
que fit.* En effet, la loi de brumaire parlait du *titre
d'acquisition,* et c'est en ce sens que notre article doit
être entendu ; s'il veut purger, le nouveau propriétaire, donataire légataire etc., devra donc faire transcrire son titre, et en notifier aux créanciers la trans-

(1) Cass., 19 juin 1815. Lyon 15 janvier 1800, etc. En sens contraire,
Rennes, 1er avril 1828. Bourges, 1er avril 1837.

cription sans laquelle il ne pourrait pas se dire propriétaire vis à vis d'eux.

3° Un tableau sur trois colonnes, dont la première indique la date des hypothèques et celle des inscriptions ; la seconde le nom des créanciers, et la troisième, le montant des créances inscrites. En consultant ce tableau, chaque créancier peut voir immédiatement si sa créance sera colloquée en ordre utile sur la somme offerte, ou, s'il doit requérir une surenchère pour obtenir tout ou partie de ce qui lui est dû.

La loi de brumaire demandait un simple état des charges et hypothèques sans aucune prescription particulière quant aux détails. Les rédacteurs du Code ont donc ajouté aux dispositions de la loi de brumaire ; mais il faut se garder d'ajouter aux obligations que la loi impose ; c'est ainsi que dans le cas où divers propriétaires, agissant collectivement à fin de purge, avaient fait conjointement les notifications aux créanciers inscrits, la Cour de Paris a décidé que le tableau, ne devait pas *nécessairement et à peine de nullité*, spécifier les immeubles, distinctement affectés à chaque créance ; la Cour de cassation a confirmé cet arrêt (Rej. 14 mars 1853).

Lorsque des irrégularités ou des omissions auront été commises dans les énonciations, quel sera le sort des notifications ? Le Code n'établit pas de sanction expresse. Quelques auteurs ont soutenu que toute irrégularité devait entraîner la nullité des notifications. Cette décision nous semble trop rigoureuse, et une distinction nous paraît nécessaire.

La pensée de la loi, en ordonnant les notifications a
été de mettre les créanciers à même de savoir s'ils
doivent accepter ou refuser les offres faites par le tiers
détenteur; toutes les fois qu'elles atteindront ce but,
elles seront valables; dans le cas contraire, elles seront nulles.

En d'autres termes, la loi n'ayant pas prescrit les formalités à peine de nullité, il faut, en référer au droit
commun, c'est-à-dire prononcer la nullité en cas d'omission de formalités substantielles, et nous entendons
par là celles à défaut desquelles les créanciers ne
pourraient être en état d'exercer leur droit en connaissance de cause.

Supposons par exemple que le prix se trouve énoncé
d'une manière inexacte dans les notifications : s'il est
supérieur au prix porté dans le contrat? les notifications seront valables, car la situation des créanciers
n'en sera que meilleure. S'il est inférieur, certains jurisconsultes adoptent encore la même solution. Mais la
solution opposée est admise par le plus grand nombre
des auteurs et par la jurisprudence : « La dissimula-
tion du prix a, en effet, presque toujours pour résultat de forcer les créanciers à recourir à la surenchère, dont ils auraient pu s'abstenir s'ils avaient été
informés du véritable état des choses; cette dissimula-
tion vicie donc dans son essence les notifications dont
l'objet est précisément de leur permettre d'exercer en
connaissance de cause l'option qui leur appartient. »

Lorsqu'un créancier forme une demande en nullité
de notifications on ne peut lui opposer la surenchère

faite par lui, car son intérêt réclamait cette surenchère. Un arrêt de la cour de Bordeaux du 8 juillet 1814 est formel en ce sens.

§ III. — *Offre faite par le tiers détenteur de payer immédiatement les dettes et charges hypothécaires, sans distinction des dettes exigibles ou non, jusqu'à concurrence de son prix.*

L'acte de notification, contenant les énonciations que nous venons d'indiquer, n'est pas encore complet. L'acquéreur doit en outre déclarer qu'il est prêt à acquitter *sur le champ*, jusqu'à concurrence du prix, toutes les dettes et charges hypothécaires, sans distinction entre les *dettes exigibles* et celles qui *ne le sont pas.*

L'acquéreur ne doit payer que jusqu'à concurrence de son *prix* : cela est évident : il n'est point obligé personnellement; on ne peut donc exiger qu'il paye des dettes qui ne sont pas les siennes.

Il doit déclarer qu'il est prêt à acquitter *sur le champ* toutes les dettes hypothécaires exigibles ou non. La loi de brumaire an VII était plus équitable : d'après le termes de l'art. 30 de cette loi, le tiers détenteur devait offrir d'acquitter les charges dans les mêmes termes et de la même manière qu'elles avaient été constituées. S'il y avait des créances éventuelles, il devait, jusqu'à la réalisation, retenir les fonds. S'il y avait des rentes, il les servait jusqu'à leur extinction, en retenant, sur le prix, le capital nécessaire pour pourvoir au paiement des arrérages.

D'un autre côté, si ce système était équitable, il jetait de grands embarras dans les liquidations, en entrainant des retards et des difficultés considérables. Comme le faisait remarquer M. Tronchet, lors de la discussion de la loi « on a vu tel ordre qu'il a été impossible de terminer, parce qu'il se composait de beaucoup de créances exigibles ou non exigibles qui se trouvaient entremêlées. »

Aussi, les rédacteurs du Code ont-ils abandonné le système de la loi de brumaire pour adopter la disposition que nous venons de relater, disposition qui, permettant de faire marcher les ordres avec plus de rapidité, et accélérant les liquidations, offre des avantages incontestables.

Est-il nécessaire que le nouveau propriétaire se serve, dans les notifications, des termes mêmes employés dans l'article 2184? Pourvu que l'offre soit faite en termes assez précis pour manifester clairement de sa part la volonté de se conformer aux dispositions de la loi, elle sera suffisante. C'est ce qu'a décidé la Cour de cassation (arrêt du 28 mai 1817), dans une espèce où l'acquéreur, qui avait stipulé des délais de paiement dans son contrat, avait déclaré dans les notifications qu'il entendait payer *conformément à son contrat et suivant les obligations à lui prescrites par la loi sur les hypothèques* (1).

L'offre doit porter aussi bien sur les charges qui font partie du prix, que sur le prix proprement dit : c'est ce qui ressort du rapprochement des art. 2184

(1) Grenoble, 20 janvier 1832.

et 2183 1°. Enfin l'offre doit être pure et simple ; elle doit être faite sans aucune réserve, sans aucune déduction, et c'est à bon droit que la Cour de cassation (17 juillet 1844) a annulé des notifications qui contenaient réserve de la part de l'acquéreur d'exercer l'action à laquelle donnait lieu un défaut de contenance de la chose vendue.

De même, s'il a été convenu entre le vendeur et le nouveau propriétaire qu'il y aurait compensation du prix jusqu'à concurrence d'une dette préexistante, due par le vendeur au nouveau propriétaire, ce dernier, s'il veut purger, sera tenu d'offrir aux créanciers le paiement de l'intégralité du prix (1).

Le nouveau propriétaire doit-il offrir des intérêts aux créanciers? S'il en doit, à partir de quelle époque seront-ils dûs? Sur cette question, un grand nombre de systèmes se sont produits ; remarquons, toutefois, que la controverse ne porte pas sur le point de savoir si les intérêts peuvent être dus aux créanciers, mais bien sur l'époque à partir de laquelle ceux-ci pourront les réclamer.

On soutient, en s'appuyant sur une idée de subrogation tacite dans les droits du vendeur au profit des créanciers, que ces derniers auront droit aux intérêts courus à son profit depuis le jour de l'aliénation ; mais, si le vendeur n'y peut pas prétendre, par exemple, si l'acquéreur a eu l'imprudence de lui payer son prix, les créanciers n'y auront aucun droit

(1) Bordeaux, 19 juin 18XX.

non plus, car, dans ce cas, l'idée de subrogation n'est plus possible ; on distingue alors : si les créanciers ont adressé à l'acquéreur une sommation de payer ou de délaisser, les intérêts courent à leur profit du jour de cette sommation ; si c'est l'acquéreur qui a fait des offres, ce sera du jour de ces offres.

Ce système ne repose que sur une prétendue subrogation légale dont on ne trouve aucune trace dans la loi.

Dans une seconde opinion, suivie, entre autres, par MM. Aubry et Rau, on prétend que si l'acquéreur a reçu sommation de payer ou de délaisser, il devra les intérêts du prix à partir de cette sommation ; si, au contraire, il a agi spontanément et sans attendre les poursuites des créanciers, ceux-ci y auront droit à partir du jour même de l'offre.

M. Pont (n° 1319) repousse ces deux doctrines : « Les intérêts, dit-il, ne sont pas des *charges* faisant partie du prix ; ils représentent seulement les fruits de l'immeuble, auxquels les créanciers n'ont aucun droit. Pour qu'ils puissent réclamer les intérêts il faut donc que, par suite d'un fait nouveau, le prix devienne leur gage à la place de l'immeuble : or, le prix ne prend la place de l'immeuble et ne devient le gage des créanciers que du jour où l'offre qui leur a été faite a été acceptée, c'est-à-dire, à défaut d'acceptation expresse, quarante jours après celui où les notifications ont été faites, si aucune surenchère n'a été requise dans ce délai ; et il conclut de là que les intérêts ne seront dus aux créanciers que du jour de l'acceptation par eux faite des offres contenues dans les notifications. »

Ce dernier système nous paraît plus conforme aux principes : car, tant qu'elle n'a pas été acceptée l'offre n'est qu'une simple pollicitation qui ne peut faire courir les intérêts.

Nous n'admettons pas non plus comme le prétendent les partisans du deuxième système que la simple sommation fasse courir les intérêts. Cela n'a lieu que dans les cas formellement prévus par la loi, par exemple dans celui de l'art. 1652.

Le tiers détenteur peut-il rétracter l'offre qu'il a faite en conformité de l'art. 2184, avant qu'elle ait été acceptée par les créanciers, ou bien est-il personnellement obligé à acquitter la somme qu'il s'est déclaré prêt à payer? La question présente un grand intérêt dans le cas où l'immeuble vient à périr. Si l'acquéreur n'est tenu d'aucune obligation personnelle, il peut délaisser ; si, au contraire, il est obligé, il doit, en tous cas, verser son prix entre les mains des créanciers hypothécaires.

L'affirmative, à laquelle nous nous rangeons, est presque universellement admise ; remarquons, en effet, les termes de l'art. 2184 : « L'acquéreur doit déclarer qu'*il est prêt à acquitter sur-le-champ*, etc. » N'est-ce pas une obligation personnelle qu'il contracte? De plus, l'article 2185, en accordant à tout créancier inscrit le droit de surenchérir, et ce pendant quarante jours à partir du moment où les notifications ont été faites, suppose nécessairement que l'acquéreur est

obligé. Autrement ce droit pourrait être anéanti par
la seule volonté de l'acquéreur. Enfin la Cour de cassation s'est rangée à cet avis et a même jugé que l'acquéreur subrogé aux droits d'un précédent vendeur
non payé ne peut pas faire tomber son contrat d'acquisition en exerçant l'action en résolution du chef de ce
dernier. (Civ., rej., 4 fév. 1857.)

M. Troplong, cependant, se basant sur ce principe
général qu'une offre peut être rétractée tant qu'elle
n'a pas été acceptée, accorde au tiers détenteur le
droit de se rétracter tant que les créanciers ne se sont
pas prononcés. Nous répondrons que, dans l'hypothèse qui nous occupe, les créanciers doivent être
réputés acceptants tant qu'ils n'ont pas manifesté une
volonté contraire pendant le délai de quarante jours
qui leur est accordé pour surenchérir, puisque l'expiration de ce délai entraîne leur acceptation tacite.

Nous venons de voir que les notifications emportent
obligation vis à vis des créanciers auxquels elles sont
adressées : l'acquéreur pour faire des notifications valables doit donc être capable de s'obliger.

La femme mariée doit avoir l'autorisation de son
mari ; le mineur ou l'interdit ne peuvent agir que par
l'intermédiaire de leur tuteur. Mais celui-ci peut-il
procéder à la purge sans avoir obtenu l'autorisation du
conseil de famille ? Certains auteurs lui accordent ce
droit : « Le tuteur, dit M. Troplong (t. IV, § 423), ne
fait que prévenir l'expropriation en mettant à la disposition des créanciers ce qui doit les désintéresser lé-
galement. D'ailleurs, le tuteur ne s'oblige qu'à payer

pour le mineur une somme d'argent et cela n'excède pas les bornes de son administration, laquelle n'est limitée par l'intervention du conseil de famille que pour l'aliénation des biens *immobiliers* du mineur (art. 457 Code civil).

D'autres estiment, que l'acquéreur doit avoir non-seulement la capacité de s'obliger mais encore le pouvoir d'aliéner. Les notifications engagent la purge, et les créanciers, en surenchérissant, peuvent entraîner ainsi une aliénation ; il faut donc que le tuteur soit autorisé du conseil de famille, ainsi que l'ordonne la loi pour les aliénations des immeubles des incapables. La délibération du conseil doit en outre être homologuée par le Tribunal, ainsi que le prescrit l'article 458 du Code civil. Pour les mêmes raisons, la femme mariée, même autorisée de son mari, ne pourra purger un immeuble dotal, puisque la purge est susceptible d'entraîner l'aliénation d'un immeuble déclaré par la loi inaliénable.

Suivant nous, la capacité de purger ne se confond ni avec celle de *payer*, ni avec celle d'*aliéner*. Celui qui fait les notifications a fins de purge, s'oblige personnellement envers les créanciers. Comme cette obligation dépasse les bornes de l'administration, nous refusons au tuteur et à tous les administrateurs légaux le droit de purger sans autorisation du conseil de famille. Mais cette autorisation sera suffisante, il n'aura pas besoin de l'intervention de la justice, ce qu'il faudrait admettre si la purge était une aliénation.

Toutefois, les notifications qui n'auront pas été faites,

conformément à ce que nous venons d'indiquer, seront simplement annulables dans l'intérêt du mineur ou de la femme mariée, et encore faut-il établir une distinction entre les deux résultats que peut produire la purge. S'il n'y a pas eu de surenchère elle est inattaquable, car le tuteur et la femme mariée autorisée de son mari ont le droit de payer des créances ; si, au contraire, l'immeuble est adjugé à un surenchérisseur, la purge est annulable.

Il nous reste à examiner une question très-délicate : le tiers acquéreur pourra-t-il opposer aux créanciers la prescription de dix à vingt ans?

Les auteurs admettent généralement la négative (1). Ils argumentent de l'obligation personnelle contractée par l'acquéreur lorsqu'il notifie son contrat aux créanciers inscrits; obligation qui a pour effet de transformer l'action hypothécaire prescriptible par dix à vingt ans, en une action personnelle, soumise seulement à la prescription de trente ans.

Le système opposé compte aussi des partisans, et c'est celui que nous adoptons. L'engagement pris par l'acquéreur, conformément à l'art. 2184, ne se prescrit, il est vrai, que par trente ans ; mais cet engagement n'a pas la portée qu'on lui attribue ; il ne comporte aucunement reconnaissance des droits des créanciers, de sorte que la prescription n'est pas interrompue.

On pourrait nous objecter que les créanciers hypo-

(1) V. Grenier, Troplong (4, § 883 bis); Pont, n. 1240; Riom, 2 janvier 1858, etc.

thécaires n'étant plus admis, après les notifications à
fin de purge, à adresser à l'acquéreur la sommation
de payer ou de délaisser, se trouveront dans l'impos-
sibilité d'interrompre la prescription de dix à vingt
ans, et que, par conséquent, ils doivent être garantis
contre cette prescription par la maxime : « *Agere non*
*valenti non currit prescriptio.* » Cette objection n'est
pas décisive, car les créanciers pourront toujours
interrompre la prescription dont s'agit, soit en poursuivant l'ordre, soit, au besoin, au moyen d'une action
en déclaration d'hypothèque. (MM. Aubry et Rau,
§ 294, note 40. En ce sens : Civ., rej., 6 mai 1840 ;
Bordeaux, 15 janvier 1835 ; Bourges, 3 février 1843 ;
Douai, 17 novembre 1863.)

Le Code civil ne dit rien d'une catégorie de créanciers qui ont sur l'immeuble du tiers acquéreur un
droit aussi dangereux que celui qui résulte du privilége ou de l'hypothèque : nous voulons parler du droit
de résolution du vendeur. Le tiers détenteur aura
beau purger le privilége, l'action en résolution subsistera et rendra la purge illusoire.

C'est là un inconvénient grave. La loi du 23 mars
1855 a fait disparaître la clandestinité de l'action résolutoire (art. 6). Mais, en matière de purge, l'inconvénient que nous venons de signaler subsiste toujours,
car le vendeur qui aura conservé son privilége pourra
exercer aussi son action résolutoire. Que deviendra
la purge dans cette hypothèse ? Nous avons répondu
précédemment à cette question en traitant de l'acquisition, sous condition résolutoire, de l'immeuble purgé.

Bien que cette question ne soit pas tranchée par la doctrine, nous croyons qu'il faudra donner ici la même solution, car nous avons affaire aussi à une acquisition sous condition résolutoire tacite.

La nouvelle loi belge a prévu et tranché la difficulté ainsi qu'il suit, art. 114 : « Si, parmi les créanciers, se trouve un vendeur (1) ayant à la fois le privilége et l'action résolutoire, il aura quarante jours, à partir de la notification à lui faite, pour opter entre ces deux droits, sous peine d'être déchu de l'action en résolution et de ne pouvoir plus réclamer que son privilége. »

Grâce à cette obligation, imposée au vendeur, d'opter entre ces deux garanties, ou la purge n'aura pas lieu, ou, si elle a lieu, elle ne pourra plus être annulée par la résolution de la vente.

### Section B.— Du Rôle des Créanciers hypothécaires.

Lorsque les notifications ont été faites par le tiers acquéreur conformément à la loi, les créanciers hypothécaires sont mis en demeure de choisir entre deux partis : recevoir le prix offert, ou requérir la mise aux enchères de l'immeuble hypothéqué : si le prix proposé leur parait représenter la valeur vraie de l'immeuble à purger, ou s'il doit les désintéresser intégralement, ils prendront le premier parti ; si, au contraire, grâce aux pièces qu'ils ont entre les mains, ils

---

(1) D'après le texte de la loi, le droit de résolution n'appartient pas seulement au vendeur, mais encore au co-échangiste et au donateur, en cas de donation avec charges.

voient que le paiement de leur créance n'est pas assuré et s'ils espèrent obtenir un meilleur prix, ils useront de leur droit de requérir l'adjudication de l'immeuble aliéné. Nous allons successivement examiner les deux hypothèses.

### § I. Les créanciers n'exercent pas leur droit de surenchère.

Les créanciers peuvent accepter l'offre du tiers détenteur expressément, par exemple en lui déclarant que le prix offert leur paraît suffisant et qu'ils entendent s'en contenter, ou tacitement, en laissant écouler, sans requérir la surenchère, le délai de quarante jours fixé par l'article 2185. Il peut aussi arriver que les créanciers, bien qu'ils n'aient pas trouvé le prix suffisant, et qu'ils aient pris la détermination de surenchérir, soient forcés de recevoir le prix offert; c'est le cas où leur réquisition est non avenue par suite de nullité et ne peut plus être renouvelée à cause de l'expiration du délai de quarante jours (art. 2186).

Mais qu'elle soit expresse ou tacite, volontaire ou forcée, l'acceptation a pour conséquence de fixer définitivement la valeur de l'immeuble au prix stipulé dans le contrat, ou à la somme déclarée par l'acquéreur. Cependant, il ne faut pas exagérer la portée de ce que nous venons de dire, ni se méprendre sur la valeur du mot *définitivement* dont se sert l'art. 2186 : car, si le prix véritable a été dissimulé dans les notifications, les créanciers hypothécaires, quoique n'ayant pas surenchéri, pourront néanmoins répéter la valeur qui leur a été dissimulée. En effet, lorsque leur gage est aliéné par le débiteur, ils ont droit à la totalité du prix convenu entre celui-ci et le tiers détenteur; ils peuvent donc exiger que la portion du prix frauduleusement détournée, qui n'est pas moins leur gage que le prix ostensible, leur soit rapportée. En acceptant les offres du tiers détenteur, ils perdent il est vrai, la faculté de former une surenchère, mais laissant à l'écart leur action hypothécaire, ils auront la ressource de l'art. 1167 du Code civil. Ils pourront faire annuler la vente que leur débiteur a faite en fraude de leurs droits et contraindre l'acquéreur à leur tenir compte de la portion dissimulée.

Lorsque la valeur de l'immeuble est ainsi fixée par l'acceptation des créanciers à la somme ou au prix offert, la purge n'est pas encore complète. Il faut, pour que l'immeuble soit libéré des hypothèques et privilèges inscrits, que le nouveau propriétaire paie le prix aux créanciers qui sont en ordre pour le recevoir, ou le *consigne*. Car, tant qu'il ne s'est pas conformé à l'une ou à l'autre de ces prescriptions, et bien qu'il soit personnellement obligé à acquitter sa dette, les créanciers conservent leurs droits sur l'immeuble.

Le paiement doit être fait suivant le rang d'inscription des créanciers; ainsi le premier inscrit est payé le premier, le second inscrit vient après et ainsi de suite jusqu'à ce que la somme offerte se trouve épuisée. Rappelons aussi que l'acquéreur s'oblige à payer immédiatement toutes les dettes exigibles ou *non*;

c'est pourquoi, si des créanciers à terme viennent à l'ordre dans un rang préférable à celui des créanciers purs et simples, ils doivent être immédiatement colloqués pour le montant intégral do leur créance. Si leurs droits sont suspendus par l'effet d'une condition les sommes qui doivent leur revenir peuvent être distribuées aux créanciers subséquents qui viennent en ordre utile sous l'obligation de donner caution de restituer ces sommes si la condition se réalise.

S'il s'agit de droits susceptible de s'évanouir par l'effet d'une condition résolutoire, c'est le créancier lui-même qui sera provisoirement colloqué à son rang, et qui fournira la caution.

Lorsque, parmi les hypothèques il y en a qui garantissent des rentes viagères, la question est plus délicate : l'on se trouve placé entre le crédit rentier qu'on ne peut forcer à recevoir un remboursement et le tiers détenteur, dont on rendrait la purge inutile, en mainnant l'hypothèque qui garantit la rente viagère. On ne peut contraindre ce dernier au service de cette rente; il a le droit de se libérer en consignant son prix. L'art. 2186 le dit formellement. Les comptes doivent se débattre entre le rentier viager, qui ne doit pas être frustré, et les créanciers postérieurs, qui ne peuvent être payés qu'autant que le service de la rente est assuré. La loi n'ayant prescrit aucun mode particulier de placement, c'est à la justice qu'il appartient de régler, suivant les circonstances l'emploi qui doit être fait du capital et les sûretés qui sont nécessaires.

Pothier donne un moyen de réglement qui pourra

être encore aujourd'hui utilement suivi : « Que les
» créanciers derniers recevants, qui seront colloqués
» en ordre après lui, soient tenus de faire sur les de-
» niers qu'ils auront à recevoir un emploi qui pro-
» duira un revenu suffisant pour répondre de la rente
» viagère tant qu'elle durera, si mieux ils n'aiment se
» charger eux-mêmes de la payer, et de donner pour
» cet effet bonne et suffisante caution. »

Le rentier viager, ne pourra pas, suivant nous, refuser les garanties qu'on lui propose si elles sont rai-
sonnables et le mettent entièrement à couvert. Lorsque le capital n'est pas suffisant pour fournir un intérêt
annuel égal à la rente, le rentier viager a le droit de
parfaire chaque année sur le capital la rente qui lui est
due.

Si les créanciers inscrits ne sont pas d'accord pour
recevoir leur paiement du tiers acquéreur directement,
s'il s'élève des difficultés entre eux, touchant la répar-
tition du prix ou leur droit de préférence, le tiers acquéreur peut libérer immédiatement son immeuble en
consignant son prix ou la somme offerte.

Autrefois, les auteurs et la jurisprudence n'étaient pas
d'accord sur les formalités de cette consignation. La loi
du 21 mai 1858 a levé toutes les difficultés par une disposition formelle. Aux termes du nouvel art. 777 Code de
procéd. « l'acquéreur opère la consignation sans offres
réelles préalables. A cet effet, il somme le vendeur de
lui rapporter dans la quinzaine main-levée « des ins-
« criptions existantes, et lui fait connaître le montant
« des sommes en capital et intérêts qu'il se propose

» de consigner. Ce délai expiré, la consignation est
» réalisée, et dans les trois jours suivants, l'acqué-
» reur requiert l'ouverture de l'ordre, en déposant le
» récépissé de la caisse des consignations. Puis, il
» est procédé sur sa réquisition, conformément aux
» articles qui concernent l'ordre. »

Les frais de purge ne doivent pas être comptés en
déduction du prix payé par l'acquéreur; celui-ci les
supporte tous sauf son recours contre le vendeur. Ce
sont, au contraire, les créanciers hypothécaires qui
doivent supporter les frais de l'ordre ; enfin, le nouvel
article 778 du Code de procédure, décide qu'en cas de
contestation relativement à la consignation, le prélève-
ment sur le prix des frais qu'elle entraîne peut être
prononcé par le Tribunal en faveur de l'acquéreur.

### § II. — Les créanciers exercent leur droit de surenchère.

Lorsque le prix offert par l'acquéreur ne convient
pas aux créanciers hypothécaires, ceux-ci manifestent
leur refus d'accepter les offres en requérant l'adjudication de l'immeuble sous l'obligation d'enchérir sur le
prix proposé. Ce droit de surenchère est un des éléments les plus essentiels de la sûreté des prêts hypothécaires en ce qu'il permet aux créanciers de se dé-
fendre contre les fraudes et les dissimulations de
prix.

D'un autre côté, la loi, voulant favoriser aussi la
libre circulation des biens immeubles, a dû prendre
des mesures pour éviter que l'acquéreur ne fût légèrement exproprié, et que le prix offert ne fut refusé

capricieusement par les créanciers; c'est pour cela qu'elle a exigé du créancier surenchérisseur un engagement personnel de faire porter le prix à un dixième en sus de celui proposé.

La première question qui se présente ici est celle de savoir qui a le droit de surenchérir. Pour pouvoir exercer cette faculté il faut avoir sur l'immeuble une inscription régulière et utilement conservée, être capable de s'obliger, et enfin n'être repoussé par aucune fin de non recevoir.

A : Sous l'édit de 1771, cette faculté de surenchérir était très-largement accordée ; elle appartenait à tout créancier quelconque du vendeur sous la condition de faire porter le prix à un dixième en sus. Le Code a restreint ce droit : le premier paragraphe de l'art. 2185 ne laisse aucun doute à cet égard : « *Tout créancier inscrit* peut requérir la mise aux enchères de l'immeuble. » Les simples chirographaires ne peuvent donc jamais surenchérir, et c'est avec raison ce nous semble; ils n'ont en effet réclamé de leur débiteur aucune sûreté particulière ; ils ne peuvent critiquer par conséquent, que les aliénations entachées de fraude à leur égard, et l'art. 1167 (Code civil) suffit à préserver leurs droits.

Mais, tout créancier, quel que soit son rang, quelle que soit la nature de sa créance, doit être admis à surenchérir, pourvu qu'il *soit inscrit*. Ainsi, celui-là même dont le rang est tellement inférieur qu'il ne sera pas désintéressé, a ce droit, car la loi laisse à chacun des créanciers le soin d'apprécier comme il l'entend, l'intérêt qu'il peut avoir à l'exercer.

Il compète de même au vendeur dont le contrat a été transcrit bien que le conservateur ait omis d'inscrire d'office son privilége. De plus, ce droit n'est nullement personnel; le cessionnaire du créancier hypothécaire pourra l'exercer, ainsi que ses créanciers chirographaires agissant en vertu de l'art. 1166. Quant à l'usufruitier d'une créance hypothécaire, il ne le pourra qu'autant que l'inscription aura été prise en son nom (Aub. et Rau, § 294, note 55).

Cependant, il ne suffit pas que le surenchérisseur soit inscrit, il faut encore que son inscription soit valable, et utilement conservée. Si, par exemple, elle était nulle en la forme, ou périmée, si elle était réduite à n'être qu'un titre apparent, il est bien évident que le créancier, muni d'une telle inscription, ne pourrait requérir une surenchère valable.

Seulement si l'inscription venait à être périmée ou la créance à s'éteindre après la réquisition, il faudrait distinguer : au cas où le créancier surenchérisseur serait seul inscrit, elle serait considérée comme non avenue. S'il existait au contraire d'autres créanciers inscrits, elle serait valable; ceux-ci auraient en effet un droit acquis à la revente de l'immeuble, car ils avaient vu l'un d'eux prendre les devants, et par suite avaient peut-être jugé inutile de surenchérir eux-mêmes.

*B.* La surenchère constitue un acte de disposition et non un acte d'administration : celui qui surenchérit s'oblige et son obligation peut même être très-onéreuse, si les enchères ne sont pas couvertes.— On dit, il est vrai, que c'est un moyen de conserver la créance hypothécaire. A notre avis, c'est là le *but* et non l'*effet* de la surenchère. Si tel était son effet, il faudrait dire que c'est un acte d'administration, mais il n'en est rien.

La question, du reste, nous parait formellement tranchée par les textes : aux termes de l'article 1988, il faut un mandat exprès pour faire un acte de disposition, tandis que pour un acte d'administration, un mandat général suffit. Or, l'article 2185, 4°, exige pour surenchérir une procuration *expresse*. C'est donc un acte de disposition.

De ces principes il résulte que le mineur émancipé a besoin pour surenchérir d'être assisté de son curateur; le prodigue, de son conseil judiciaire; la femme mariée, doit avoir l'autorisation de son mari ou de la justice.

Enfin le tuteur doit être autorisé par le conseil de famille (Aub. et Rau, § 204, note 66) (1).

Dans le cas où la surenchère émanerait de personnes ainsi frappées d'une incapacité relative, l'autorisation ou l'assistance nécessaires, qui se produiraient ultérieurement, et même après le délai de quarante jours, la régulariseraient pleinement ; c'est pourquoi le tiers acquéreur ne pourrait se prévaloir de ce que la condition habilitante n'est pas remplie pour demander la nullité de la surenchère; toutefois il serait admis à demander qu'elle fût déclarée non recevable tant

(1) En sens contraire : M. Pont, n° 1313. Rouen, 6 janvier 1840. Bourges 2 avril 1852.

que l'autorisation nécessaire n'aurait pas été obtenue.

*C.* Il faut enfin que le surenchérisseur ne puisse pas être écarté par une fin de non recevoir : par exemple, « s'il a concouru expressément ou tacitement à la vente faite par le débiteur, ne pourra pas surenchérir. Il en sera de même pour le vendeur qui étant garant de la vente, n'est pas admis à en provoquer la résolution. » L'acquéreur peut aussi être créancier inscrit de son vendeur : sa qualité d'acquéreur le contraignant à respecter le prix dont il est convenu avec son vendeur l'empêchera d'exercer le droit de surenchère que lui donne sa qualité de créancier.

Mais on ne saurait opposer comme fin de non recevoir l'insolvabilité du surenchérisseur : l'article 711 du Code de procédure ne s'applique qu'à la surenchère du sixième ; d'ailleurs des précautions sont prises contre cette éventualité, car les parties intéressées ont toujours pour garantie la caution que tout créancier doit fournir lorsqu'il surenchérit.

Lorsque le créancier surenchérisseur se trouve en présence d'une première surenchère consommée, il y a dans ce cas une fin de non recevoir édictée par la loi elle-même. Le principe : « surenchère sur surenchère ne vaut » déjà admis depuis longtemps par la doctrine et la jurisprudence, est devenu une disposition formelle depuis la loi du 2 juin 1841.

Faut-il assimiler au cas d'une première surenchère qui ne permet pas d'en former une seconde, le cas de folle enchère ?

On est à peu près d'accord pour reconnaître que la

surenchère du sixième accordée par les articles 708,
965, 973 du Code de procédure, doit être écartée; la
jurisprudence paraît définitivement fixée en ce sens.
(Civ., cass., 24 déc. 1845 ; Civ., cass., 1er mars 1848
et 11 mars 1863.)

En doit il être de même pour la surenchère du dixième
autorisée par l'art. 2185 en faveur des créanciers inscrits. Quelques auteurs, M. Pont, notamment, tiennent pour l'affirmative. Ce dernier fait remarquer
que, nonobstant la folle enchère, la première adjudication subsiste, et que le prix auquel elle est
montée est maintenu puisque le fol enchérisseur est
tenu de toute la différence qui peut exister *entre
le prix de l'adjudication et celui de la vente faite sur
folle enchère* (C. proc., art. 740); qu'en outre, l'article 739 du C. de procédure en rappelant les dispositions applicables en cas de revente sur folle enchère,
omet de relater les art. 708, 709. 710, tous trois relatifs à la surenchère, et décide implicitement qu'elle
ne peut plus avoir lieu (Junge : Colmar 13 mai 1857).

Mais l'opinion opposée, consacrée d'ailleurs par
plusieurs arrêts de la Cour de cassation, nous semble
préférable. On ne peut conclure, en effet, de la surenchère du sixième, qui est accordée à toute personne
indistinctement, à celle du dixième : cette dernière
est réservée aux seuls créanciers hypothécaires
comme conséquence de leur droit de suite, et si l'on
attribuait à la folle enchère l'effet d'exclure la surenchère du dixième, ou porterait atteinte à ces créanciers,
qui se trouveraient déchus de la faculté de surenchèr,

9

sans avoir été mis à même de l'exercer. Du reste, il est vraisemblable qu'en cas de surenchère du sixième le prix de l'immeuble a été porté à sa véritable valeur, tandis qu'après une revente sur folle enchère qui souvent ne donne qu'un prix inférieur à celui de la première adjudication, la faculté de surenchérir est d'autant plus précieuse que l'insolvabilité du fol enchérisseur rendra presque toujours illusoire le recours accordé contre lui par l'art. 740 Code de proc. (Aubry et Rau, § 293 bis, n° 14).

Ne devrons-nous admettre, dans les adjudications prononcées sur la poursuite des syndics d'une faillite, que la surenchère spéciale de l'article 573, du Code de commerce, ou bien accorderons-nous aux créanciers hypothécaires le droit d'exercer la surenchère ordinaire du dixième?

La question est controversée : Dans un premier système, on n'admet que la surenchère spéciale de l'art. 573; on invoque les termes même de cet article qui exclurait en cette matière toute autre surenchère, et on ajoute que cette décision est très-logique, car les créanciers, avertis par la publicité de la faillite, ont eu toutes facilités pour sauvegarder leurs droits (Caen, juillet 1864. Cass. 3 août 1864).

Deux systèmes intermédiaires, qui s'écartent plus ou moins de celui que nous venons d'exposer, ont encore été proposés.

Enfin, un quatrième système que nous adoptons, admet la surenchère de l'art. 2185 pourvu que celle du dixième de l'art. 573 du Code de Com-

merce n'ait pas été exercée. On repousse l'assimilation que l'on veut faire des adjudications sur poursuites
des syndics avec les adjudications par suite d'expropriation forcée. De plus, on peut invoquer les termes
même de l'art. 573 qui entend parler de la surenchère
permise à toute personne à la suite des adjudications
faites en justice et ne s'occupe nullement de la surenchère du dixième, spéciale aux créanciers hypothécaires. Il suppose implicitement cette dernière possible quand il dit : « Cette adjudication demeurera
sfinitive et ne pourra être suivie d'aucune autre surenchère. » Ce n'est donc qu'autant que la surenchère
spéciale de l'art. 573 aura été exercée que celle de
l'art. 2185 ne pourra plus l'être.

Après avoir indiqué quelles sont les personnes qui
peuvent surenchérir, examinons les règles auxquelles
l'exercice de ce droit a été soumis. Il faut, aux termes
de l'art. 2185 :

1° Que la réquisition soit signifiée au nouveau propriétaire dans quarante jours, au plus tard, de la notification faite à la requête de ce dernier, en y ajoutant
un jour par cinq myriamètres de distance, entre le domicile élu et le domicile réel de chaque créancier requérant (l. du 3 mai 1862);

2° Qu'elle contienne soumission du requérant de
porter ou faire porter le prix à un dixième, en sus de
celui qui aura été stipulé dans le contrat ou déclaré
par le nouveau propriétaire ;

3° Que la même signification soit faite dans le
même délai au précédent propriétaire, débiteur principal;

4° Que l'original et les copies de ces exploits soient signés par le créancier requérant ou par son fondé de procuration expresse, lequel, en ce cas, est tenu de donner copie de sa procuration;

5° Qu'il offre de donner caution, jusqu'à concurrence du prix et des charges.

Le tout à peine de nullité.

Reprenons pour les expliquer chacune des prescriptions de cet article :

Un délai de quarante jours est accordé aux créanciers pour qu'après les sommations, ils puissent délibérer : ils ont besoin de prendre des renseignements et de rechercher si l'immeuble a augmenté ou diminué de valeur depuis la constitution de leur hypothèque. L'édit de 1771 ne fixant aucun délai, celui-ci se prolongeait jusqu'à l'obtention des lettres de ratifications; la loi de brumaire, au contraire, le restreignait au terme d'un mois, sans tenir aucun compte de l'éloignement du domicile du créancier ; le droit de surenchère était souvent alors une sûreté illusoire surtout à cette époque où les moyens de communication étaient très-difficiles ; c'est donc avec raison que le Code a donné une plus grande latitude aux créanciers.

Ce délai commence à courir pour chacun du jour de la notification qui lui a été faite ; dès qu'il est expiré, le créancier a perdu le droit de faire la réquisition, quand bien même un autre créancier se trouverait en temps utile pour la faire.

D'autre part, tant que l'acquéreur n'a pas adressé de notifications, aucune réquisition de surenchère ne peut être signifiée. Jusque-là, les créanciers ont à leur disposition la voie de la saisie immobilière, qui est d'ailleurs infiniment plus simple et moins onéreuse.

Le délai est augmenté, avons-nous dit, à raison d'un jour par cinq myriamètres de distance entre le domicile élu et le domicile réel. L'art. 2185 du Code civil accordait une augmentation de deux jours par cinq myriamètres; la loi du 3 mai 1862 a modifié notre article sous ce rapport. Cette même loi a tranché la question autrefois controversée de savoir si les fractions de moins de cinq myriamètres comptaient ou non pour un jour; celles de quatre myriamètres et au-dessus ont seules cet effet.

Le jour des notifications n'est pas compris dans le délai, mais le jour de l'échéance est le dernier jour utile, à moins qu'il ne tombe sur un jour férié auquel cas il est prorogé au lendemain (loi du 3 mai 1862). Ce délai court d'ailleurs contre toute personne, même contre les mineurs et les interdits. Enfin la jurisprudence, pour ne pas retarder indéfiniment la purge, a refusé toute augmentation de délai aux créanciers qui ont leur domicile à l'étranger.

Nous devons compléter les dispositions de ce premier paragraphe de l'art. 2185 par celles de l'art. 832 du Code de procédure : « La réquisition de mise aux en-« chères doit être signifiée à l'acquéreur par un huis-« sier commis à cet effet, sur simple requête, par le « président du Tribunal de première instance de l'ar-« rondissement où elle a lieu. L'exploit doit contenir « constitution d'avoué avec assignation devant le

« Tribunal de l'arrondissement où sont situés les
« biens. »

2° La réquisition doit contenir soumission du requérant de porter ou faire porter le prix à un dixième
en sus, etc. Nous avons déjà indiqué les motifs de cette
disposition ; elle a pour but d'empêcher que l'on tente
à la légère de déposséder le tiers acquéreur, et c'est
pourquoi elle avertit le créancier surenchérisseur qu'il
sera lié par son engagement et devra fournir l'augmentation promise, si l'enchère n'atteint pas le prix proposé, et le dixième en sus.

Mais quel est donc le prix sur lequel doit porter la
surenchère ? Lorsque les notifications, faites par l'acquéreur n'ont eu pour objet qu'un seul immeuble, le
prix à surenchérir est celui qui a été stipulé dans le
contrat d'acquisition ; (art. 2185). Dans le cas, au
contraire, ou le nouveau propriétaire aurait, pour, un
seul prix, acquis l'immeuble hypothéqué avec des objets *mobiliers* par exemple, le prix à surenchérir sera-
t-il de la somme formant le prix total de l'acquisition ?
Non, sans aucun doute ; le nouveau propriétaire a dû,
dans sa notification, déclarer par ventilation la somme
représentant le prix pour lequel il a entendu acquérir
l'immeuble hypothéqué, et le deuxième paragraphe de
l'art. 2102 dit formellement que le surenchérisseur ne
peut être contraint d'étendre sa soumission sur le mo-
bilier, celle-ci ne devra donc porter que sur le
prix représentant la valeur de l'immeuble hypothéqué.

Ici se pose une question délicate et qui est vi-

vement controversée : Lorsque plusieurs immeubles,
appartenant au même propriétaire, situés dans le même arrondissement et grevés à la fois d'hypothèques
générales, et d'hypothèques spéciales, sont vendus
pour un prix unique à un même acquéreur, les créanciers à hypothèque générale sont-ils obligés de faire
porter leur surenchère sur la totalité des immeubles
compris dans la vente?

M. Pont, adoptant l'avis de la Cour de Cassation
(Rej. 21 novembre 1843, Paris, 30 avril 1853), admet
la négative. « L'hypothèque générale dit-il, porte d'un
côté sur tous les immeubles du débiteur, tandis que de
l'autre, elle frappe chacun d'eux avec une force égale
à celle d'une hypothèque spéciale; la conséquence de
ceci est que le créancier, muni d'une hypothèque générale, peut exercer les droits qui en dérivent sur une
partie des immeubles aliénés aussi bien que sur la totalité; il pourra donc surenchérir sur une partie seu-
ment des immeubles vendus en bloc, comme il le pourrait sur le tout.

Nulle part, la loi n'impose à ce créancier l'obligation
de porter sa surenchère sur la totalité des immeubles,
et cette obligation, pour peser sur lui, aurait pourtant
besoin d'être indiquée expressément. L'art. 2185 se
borne à accorder à tout créancier le droit de surenchérir, pourvu qu'il soit inscrit, et quand il parle d'*immeuble* et de *prix*, il s'occupe du *plerumque fit*, et ne
veut nullement faire une seule vente de la vente de
plusieurs immeubles. »

La ventilation de l'art. 2192 fait disparaître le

contrat primitif; il n'y a plus un bloc d'immeubles ni un prix unique, mais bien des immeubles distincts et des prix particuliers. Or, comme chaque créancier a le droit de surenchérir dans les limites de son hypothèque, on en conclut que le créancier à hypothèque générale peut surenchérir l'un ou l'autre des immeubles vendus, la loi donnant à cette hypothèque, sur chaque immeuble qui en est affecté, les droits même qui résulteraient d'autant d'hypothèques spéciales.

Remarquons enfin, que le droit de surenchère n'étant qu'une conséquence du droit de suite, le créancier dont l'inscription ne porterait que sur quelques-uns des immeubles vendus, ne pourrait pas surenchérir sur le prix total.

Il faut comprendre dans le prix dont parle le n° 2 de l'art. 2185, tout ce qui constitue ce prix ou l'évaluation de l'immeuble. Ainsi le dixième en sus doit être calculé non-seulement sur le prix principal, mais encore sur tous les accessoires : pots de vin, rentes et impôts arriérés ; car suivant l'expression de Merlin, « le prix comprend tout ce que l'acheteur tire de sa poche pour le faire entrer dans celle de son vendeur. » Quant aux frais, il ne faudra y comprendre que ceux mis par le contrat à la charge de l'acquéreur, et non ceux que celui-ci doit supporter de plein droit.

Mais, si l'acquéreur avait proposé aux créanciers une somme plus forte que son prix d'acquisition, les créanciers seraient-ils tenus de surenchérir cette somme? Nous le pensons, car s'il a offert ce prix plus élevé, c'est qu'il est probable que son prix d'acquisition ne représente plus exactement la valeur de l'immeuble, qui peut-être s'est amélioré ; s'il notifiait son prix d'achat, la surenchère serait certaine ; et admettre la solution inverse, ce serait enlever à l'acquéreur tout espoir de purger et de conserver son acquisition dans le cas, où un événement fortuit en aurait augmenté la valeur.

On nous objecte que par une augmentation habile du prix il empêchera les créancier de surenchérir, ceux ci estimant qu'un dixième en sus mettrait l'immeuble à une valeur trop haute ; mais, peut-on empêcher le vendeur et l'acquéreur d'établir lors de la vente le prix qu'ils jugent convenable? Les créanciers ne sont-ils pas tenus de le prendre pour base de leur surenchère? Il doit en être de même du prix offert par l'acquéreur. Au surplus, il est presque impossible de déterminer mathématiquement la valeur d'un immeuble et le plus souvent les créanciers ne sauraient établir l'existence de ce préjudice de moins d'un dixième.

III. « La réquisition de surenchère doit être signifiée au précédent propriétaire, débiteur principal. » L'utilité de cette signification se comprend parfaitement : le précédent propriétaire serait soumis au recours en garantie dans le cas où l'acquéreur serait évincé ; il doit donc être informé du danger qui le menace. Pour s'y soustraire, peut-être prendra-t-il des arrangements avec ses créanciers ; peut-être même, paiera-t-il la dette avant l'exercice de la surenchère.

Si l'ancien propriétaire n'était que la caution réelle du débiteur principal, il faudrait une double signification, car ils ont l'un et l'autre intérêt à être avertis de la surenchère. S'il y avait plusieurs vendeurs, la surenchère devrait être notifiée à chacun d'eux et par copies séparées.

Enfin, dans le cas où les personnes qui devraient recevoir la signification seraient des incapables, le créancier l'adresserait aux mandataires légaux qui les représentent.

IV. La formalité de la signature du requérant sur l'original et les copies des notifications a pour but d'empêcher les avoués d'engager trop légèrement les créanciers dans la voie de la purge. La nécessité de cette signature force le créancier à réfléchir sur la gravité de l'acte qu'il va faire.

V. Enfin le surenchérisseur doit *offrir* de donner caution jusqu'à concurrence du prix et des charges. » Si l'on rapproche cette disposition de l'art. 832 du Code de procédure, on voit qu'elle n'est pas absolument exacte ; cet article, en effet, exige non-seulement l'*offre* d'une *caution*, mais encore son *indication nominative* dans l'acte de réquisition. Tout créancier surenchérisseur est tenu de cette obligation ; la Cour de cassation même, l'avait mise à la charge du Trésor public ; mais la loi du 21 février 1817 l'en a dispensé ; « l'État étant réputé toujours solvable. »

Cette disposition est fort équitable, car si le surenchérisseur restait adjudicataire, il y aurait lieu, au cas où il serait insolvable, à une revente par suite de folle enchère qui ne produirait peut-être pas un prix aussi élevé que celui offert par le tiers détenteur. L'intérêt des autres créanciers inscrits et celui de l'acquéreur qui aurait été inutilement dépossédé exigeait donc cette mesure qui prévient en outre des frais inutiles.

Mais si la loi a été sage en exigeant une caution, peut-être a-t-elle trop demandé, en prescrivant un cautionnement indéfini, c'est-à-dire un cautionnement comprenant toute l'obligation du créancier surenchérisseur : le prix et le dixième en sus. La difficulté de trouver une caution aussi élevée doit contrarier souvent l'exercice de la surenchère. Il eût mieux valu, dans l'intérêt des créanciers, demander seulement à la caution de répondre d'une quote-part du prix et des charges, du quart par exemple, comme l'avait proposé le Conseil d'Etat; mais le projet fut repoussé et l'on doit s'en tenir aux termes de notre article.

Quant aux conditions de capacité, de solvabilité et de domicile, que doit réunir la caution, elles nous sont indiquées par les articles 2018 et 2019 du Code civil. Il faut donc (article 2018) qu'elle soit capable de contracter; qu'elle ait son domicile dans le ressort de la Cour d'appel où elle est fournie (il ne suffirait pas que, domiciliée hors du ressort, elle y ait fait élection de domicile); enfin qu'elle ait un bien suffisant pour répondre de l'objet de l'obligation : De plus (art. 2019) sa solvabilité ne s'estime qu'eu égard à ses propriétés foncières non litigieuses, et d'une discussion facile. Ajoutons qu'elle doit être notoire : c'est ce qui résulte des termes de l'art. 832 du Code de procédure qui « exige le dépôt au greffe des titres constatant la solvabilité de la caution. »

On s'est demandé si ce dépôt des pièces justifica-
tives de la solvabilité de la caution devait être fait dans
le même délai de trois jours fixé pour l'assignation devant le Tribunal chargé de sa réception? La jurisprudence après avoir longtemps hésité, a fini par admettre
(Rej. 29 août 1855) qu'il pouvait l'être jusqu'à l'expiration du délai de quarante jours accordé pour surenchérir.

Bien que reçue en justice, la caution du surenchérisseur est *légale* et non *judiciaire*; il n'était donc pas
nécessaire qu'elle fût susceptible de contrainte par
corps avant 1867.

Le requérant qui reconnaîtrait l'insuffisance de la
caution qu'il a offerte ou dont on contesterait la solvabilité, peut-il être admis à offrir une caution supplémentaire ou à en fournir une nouvelle? S'il se trouve
encore dans les délais de quarante jours, pas de difficultés; tous les auteurs lui accordent ce droit. Si
les délais sont expirés, la question est controversée :
dans une opinion, on soutient que c'est au moment même de sa présentation que la caution doit
réunir toutes les conditions exigées par la loi : faute de
quoi la surenchère est nulle. On peut dire que l'acte
de réquisition manque de l'offre d'une caution, car
c'est la même chose qu'il n'y en ait pas ou qu'il
y en ait une ne remplissant pas les conditions requises
(M. Troplong, n° 945. Bordeaux, 20 août 1816. —
Amiens, 10 janvier 1840).

Dans une autre opinion, l'admission d'une caution
supplémentaire ou le remplacement de la caution pri-

mitive est possible même après l'expiration du délai de quarante jours, pourvu que le jugement qui doit statuer sur sa réception ne soit pas encore rendu. C'est à ce système que nous nous rallions : en effet, ce n'est qu'au moment où il est appelé à statuer que la loi impose au juge l'obligation d'examiner la valeur de la caution (Aubry et Rau. — Civ., cass., 20 mai 1822.— Rej. 6 novembre 1843).

Déjà avant la loi du 2 juin 1841, la jurisprudence admettait que le requérant pouvait se dispenser de fournir caution en donnant à la place un nantissement suffisant. Ce point est nettement établi par le nouvel art. 832 (Code de procédure), qui dispose que dans le cas où le surenchérisseur donnerait un nantissement en argent ou en rentes sur l'Etat, *à défaut de caution*, il fera notifier avec son assignation copie de l'acte constatant la réalisation de ce nantissement. Remarquons que le versement de la somme d'argent doit être effectué à la Caisse des dépôts et consignations ; le dépôt fait partout ailleurs ne pourrait suppléer la caution. Ajoutons enfin qu'elle ne saurait être ni remplacée ni complétée par l'offre d'une hypothèque, même sur des biens libres.

Toutes ces formalités sont prescrites à peine de nullité, art. 2185 (Code de procédure, art. 838) ; et il n'y a pas à distinguer ici entre les formalités substantielles et celles qui ne seraient que secondaires. Il suffit qu'une règle n'ait pas été observée pour que la réquisition de surenchère soit frappée de nullité. La jurisprudence a cependant adouci ce principe, et si la réquisition ne contient que de simples irrégularités n'ayant en elles rien de préjudiciable, elle permet au requérant de la compléter ou de la rectifier ; ce serait en effet méconnaître la pensée de la loi, que d'appliquer la nullité dans ce cas.

Nous avons vu que la nullité des notifications (article 2183) est toute relative en ce sens que les créanciers seuls contre qui l'erreur a été commise, peuvent l'opposer ; celle dont nous nous occupons, au contraire peut l'être par toute personne qui y a intérêt : par l'acquéreur dont le contrat serait résolu par la surenchère ; par l'ancien propriétaire, à raison du recours en garantie dont il est tenu, et c'est pour chacun d'eux un droit personnel, auquel aucune renonciation émanée d'une autre partie ne saurait porter atteinte.

Toutes les nullités concernant la déclaration de surenchère, doivent à peine de déchéance être proposées avant le jugement relatif à la réception de la caution (art. 833 al. 4, Cod. de proc.). Si les créanciers dont la réquisition a été annulée sont encore dans le délai, ils seront admis à former une nouvelle surenchère, et à plus forte raison, accorderons-nous ce droit aux autres créanciers.

Enfin la réquisition de surenchère faite valablement par l'un des créanciers inscrits, profite à tous ; d'où il résulte que l'acquéreur ne pourrait pas en désintéressant le surenchérisseur, empêcher l'adjudication, sans le consentement exprès de tous les autres créanciers inscrits ; le requérant ne pourrait pas non plus se désister. Cette disposition de l'art. 2190 a pour but

d'empêcher une fraude de la part du nouveau propriétaire, ou d'épargner des frais considérables. Un créancier, en effet, pourrait en s'entendant avec l'acquéreur, requérir la surenchère, puis se désister lorsque
le délai serait expiré et le prix ainsi définitivement
fixé ; en outre, dans l'incertitude des intentions du surenchérisseur, chaque créancier devrait, s'il était pru-
dent surenchérir de son côté; ce qui entraînerait
des frais inutiles.

Du reste, malgré cette disposition, le nouveau propriétaire peut toujours s'entendre avec un créancier
qui dans sa réquisition introduira un cas de nullité, puis
s'en prévaloir lorsque il n'a plus à craindre une nouvelle surenchère. Aussi, pour éviter cette fraude, les
créanciers qui n'exercent pas leur droit parce qu'il y
a déjà une réquisition de surenchère, doivent examiner avec soin si cette réquisition réunit bien toutes
les conditions nécessaires à sa validité ; ils ont en outre
un grand intérêt à surveiller la marche de la procédure,
car une négligence de l'avoué du surenchérisseur peut
leur faire perdre leur droit de suite sur l'immeuble hypothéqué.

La réquisition de mise aux enchères ne dépouille pas
le tiers détenteur de la propriété de l'immeuble, car il
n'y a de la part du créancier qu'un engagement personnel d'acheter pour un prix fixé ; donc jusqu'à l'adjudication le tiers détenteur peut arrêter les poursuites
en désintéressant tous les créanciers inscrits, et si
l'immeuble périt ou se détériore, c'est lui qui doit supporter le dommage. En ce cas, le surenchérisseur peut

demander décharge de la surenchère, ou la maintenir en faisant déterminer le dommage conformément à l'art. 1601. C'était déjà la solution de l'ancien droit : « Si mieux on aime, disait Pothier, lui faire une dimi-» nution de ce qu'il sera estimé par experts, que l'hé-» ritage vaut de moins. »

Si le tiers détenteur était en faute, il répondrait, outre son prix, de tout le dommage causé par lui (article 2175).

### Section C. — Du jugement d'adjudication et de ses effets.

La réquisition de mise aux enchères a pour conséquence la revente en justice des biens aliénés. L'art. 2187 du Code civil dispose « qu'en cas de revente aux enchères, elle aura lieu suivant les formes établies pour les expropriations forcées, à la diligence soit du créancier qui l'aura requise, soit du nouveau propriétaire. — Le poursuivant énoncera dans les affiches le prix stipulé dans le contrat ou déclaré, et la somme en sus à laquelle le créancier s'est obligé de la porter ou faire porter. »

Nous n'avons pas à insister sur la forme de la revente ; le Code de procédure qui avait réglé avec grand soin les saisies immobilières ne consacrait que peu d'articles aux formalités propres à la revente sur enchères. La loi du 2 juin 1841 a été plus explicite et dans les nouveaux articles 836 et 837 nous trouvons des dispositions concernant les placards que le poursuivant doit faire imprimer, l'insertion dans les journaux, les

sommations qui doivent précéder l'adjudication et la
mise à prix ; quant à la revente elle-même, elle a lieu
comme dans les saisies immobilières (1).

Tous ceux qui y ont intérêt peuvent poursuivre la
revente : le créancier requérant ; le tiers acquéreur
qui a intérêt à être fixé sur le sort de son acquisition ;
enfin chacun des créanciers inscrits, ces derniers à la
condition de se faire subroger dans la poursuite si
celui qui en a pris l'initiative s'abstient d'agir pour
qu'elle suive son cours, ou s'il y a collusion, fraude
ou négligence de sa part (nouvel article 833 du Code
de Procédure). Cette subrogation se demande par
simple requête en intervention, signifiée par acte
d'avoué à avoué ; mais dans tous les cas, elle a lieu
aux risques et périls du surenchérisseur, sa caution
continuant à être obligée.

Ceci posé, deux hypothèses peuvent se présenter :
ou l'immeuble est adjugé au tiers détenteur qui se
porte dernier enchérisseur, ou il l'est à un tiers. Nous
les examinerons séparément, car les effets ne sont pas
les mêmes dans les deux cas.

### § I. — Le tiers détenteur s'est porté adjudicataire.

Lorsque c'est le tiers détenteur lui-même qui s'est
porté adjudicataire, l'adjudication ne fait que consolider sur sa tête le droit de propriété qu'il tenait de son
contrat d'acquisition ; en conséquence, dit l'art. 2189
du C. civ., « l'acquéreur ou le donataire qui conserve

(1) En Belgique, la vente se fait devant un notaire commis par le jugement qui reçoit la caution (loi du 15 août 1851).

» l'immeuble mis aux enchères, comme dernier suren-
» chérisseur, n'est pas tenu de faire transcrire le juge-
» ment d'adjudication. »

Il résulte de là, par *a contrario*, que le jugement
d'adjudication doit être transcrit quand l'adjudicataire
est toute autre personne que le tiers détenteur.

La loi de brumaire an VII suivait cette distinction :
l'acquéreur à titre onéreux, en effet, n'était regardé
comme propriétaire, à *l'égard des tiers*, que lorsqu'il
avait fait transcrire son contrat de vente ou son jugement d'adjudication. Mais on comprend bien que la
transcription n'était plus nécessaire lorsque l'adjudicataire était le détenteur lui-même, car le jugement
d'adjudication n'était plus alors qu'un jugement *con-
firmatif de la propriété* acquise en vertu du contrat
primitif qui était déjà transcrit.

Sous l'empire du Code civil, la disposition de l'article 2189 ne pouvait plus s'expliquer, et il est probable que c'est par mégarde que les rédacteurs du
Code reproduisirent cette distinction : l'adjudication
comme la vente était par elle-même et par elle seule
translative de propriété même à l'égard des tiers.

La loi du 23 mars 1855 ayant rétabli le principe de
la loi de brumaire, l'art. 2189 a recouvré toute son
utilité. L'art. 1 alin. 4 de cette loi soumet à la
transcription « Tout jugement d'adjudication autre
» que celui rendu sur licitation au profit d'un cohéri-
» tier ou d'un co-partageant. » La transcription a donc
maintenant pour but, comme sous la loi de brumaire,
de transférer la propriété à l'égard des tiers ; mais,

dans l'hypothèse de notre article, le jugement n'entraînant aucune mutation de propriété n'a pas besoin d'être transcrit ; la transcription du titre originaire est pleinement suffisante.

Le tiers détenteur qui, pour conserver l'immeuble hypothéqué, a été obligé de se porter adjudicataire, a dû payer un prix supérieur à celui stipulé dans son contrat : aussi l'article 2191 lui accorde-t-il un recours tel que de droit contre son vendeur pour tout ce qui excède le prix stipulé par son titre et pour l'intérêt de cet excédant, à compter du jour de chaque paiement. Il est juste que le détenteur soit remboursé d'un excédant de prix qui lui a été imposé et qui a servi à désintéresser les créanciers de son vendeur.

Mais contre qui cette action sera-t-elle exercée ? si le vendeur est en même temps le débiteur des créanciers désintéressés, le tiers détenteur aura contre lui l'action en garantie que lui accorde l'art. 1626. Si le vendeur et le débiteur sont deux personnes différentes, il aura deux actions distinctes : contre le premier l'action dont nous venons de parler ; contre le second dont il a acquitté les dettes personnelles, une action de gestion d'affaires ; il peut donc agir à son choix contre l'un ou l'autre, et même si l'action intentée contre l'un ne lui donne pas complète satisfaction, agir pour le surplus contre l'autre.

Lorsque l'acquisition a eu lieu à titre gratuit, il ne peut plus être question de l'action en garantie qui n'existe contre un donateur qu'autant qu'il s'y est expressément obligé ou que la donation a eu lieu en faveur du mariage (art. 1440). Cependant l'acquéreur peut quelquefois exercer l'action de gestion d'affaires :

Contre son auteur, lorsque celui-ci est débiteur personnel des créanciers hypothécaires payés sur le prix de l'adjudication ; car l'adjudicataire a fait ainsi l'affaire du donateur qui doit à juste titre lui rembourser les sommes payées à sa décharge ;

Contre le débiteur principal, lorsque le donateur n'était tenu qu'hypothécairement et comme détenteur seulement ; car la somme payée n'a pas tourné au profit de ce dernier.

Il est évident que l'acquéreur ne peut concourir avec les créanciers hypothécaires pour se faire payer le supplément de son prix d'acquisition, mais, quand le nouveau prix est tel qu'une fois les créanciers payés il reste un excédant entre ses mains, cet excédant lui appartient. L'ancien propriétaire n'y peut prétendre ; car, lié par son contrat primitif, il n'a droit qu'au prix qui y a été stipulé ; ses créanciers chirographaires ne sauraient avoir plus de droits que lui, et d'ailleurs, ne pourraient se prévaloir d'une surenchère qui leur est absolument étrangère. Quant aux créanciers hypothécaires, nous avons supposé qu'ils étaient désintéressés. L'adjudicataire retiendra donc cet excédant pour se couvrir des dommages-intérêts qu'il est en droit de répéter contre son auteur.

§ II. — *L'adjudication a eu lieu au profit d'un tiers :*

Lorsque c'est un tiers qui s'est porté adjudicataire, dès que le jugement d'adjudication est prononcé, l'ad-

judicataire devient propriétaire au détriment du tiers
détenteur qui est évincé. Rappelons que la mutation
de propriété ne sera opérée à l'*égard des. tiers*
que par la transcription du jugement d'adjudication. Cela résulte, comme nous l'avons vu plus haut,
d'un *a contrario* décisif tiré de l'article 2189 du Code
civil.

Dès que le jugement d'adjudication est transcrit,
toutes les charges inscrites sur l'immeuble tombent,
et les créanciers n'ont plus action que sur le prix ; il
éteint en outre toutes les actions en résolution fondées
sur le défaut de paiement du prix des anciennes aliénations, sauf aux anciens vendeurs à faire valoir, s'il
y a lieu, leurs titres de créance dans l'ordre et distribution du prix d'adjudication. (Art. 717 et 838 du Code
de procédure.)

Comme le tiers détenteur, l'adjudicataire libère son
immeuble de tous priviléges et hypothèques inscrits
par le paiement ou la consignation de son prix; mais
l'art. 2188 exige en outre « qu'il restitue à l'acquéreur ou au donataire dépossédé : 1° les *frais* et loyaux
coûts de son contrat ; 2° ceux de la transcription ;
3° ceux de la notification et ceux faits par lui pour
parvenir à la revente. »

En un mot, le tiers détenteur doit être rendu complètement indemne : il est juste que ces frais
soient supportés par l'adjudicataire et non par les
créanciers hypothécaires, car, s'il en était autrement,
ceux-ci n'auraient pas toujours le bénéfice de la surenchère du dixième en sus.

Quant aux impenses et améliorations faites sur l'immeuble par le tiers détenteur, elles doivent aussi lui
être remboursées, au moins jusqu'à concurrence de
la plus-value ; mais par qui ce remboursement devra-
t-il être fait ? Les auteurs ne sont pas d'accord sur ce
point. M. Pont (n° 1397) le met à la charge des créanciers hypothécaires : car ce sont eux, dit-il, qui, en
définitive, profitent de l'amélioration de l'immeuble, et
c'est avec eux, et lors de la distribution du prix, que
le détenteur évincé devra faire déterminer le montant
de la plus-value. (V., en ce sens, Orléans, 19 juillet
1843.)

MM. Aubry et Rau estiment au contraire que le
remboursement doit être à la charge de l'adjudicataire lorsque le tiers détenteur dépossédé aura fait
ordonner par le jugement qui doit statuer sur l'admission de la surenchère que l'adjudicataire éventuel lui
remboursera, en sus du prix d'adjudication, le montant de ses impenses, ou tout au moins lorsque le
cahier des charges contiendra une clause à cet égard.
Sinon, l'adjudicataire ne sera tenu que jusqu'à concurrence du prix fixé dans sa soumission.

L'adjudicataire sur surenchère ne doit les intérêts
de son prix, à moins de clause spéciale, qu'à dater du
jour de l'adjudication prononcée à son profit.

Il nous reste à examiner une question vivement controversée et qui entraîne de nombreuses et graves
conséquences : Lorsque, par l'effet de la surenchère,
le tiers détenteur est évincé, son contrat d'acquisition
est-il rétroactivement résolu ?

Les adjudications sur *délaissement* ou sur *saisie* pratiquées contre un tiers détenteur n'ont rien de résolutoire : l'adjudication a pour effet de déposséder le détenteur, mais son contrat n'est point résolu. En effet, aux termes de l'alinéa 2 de l'article 2177, « les » créanciers personnels du tiers détenteur, après tous » ceux qui sont inscrits sur les précédents propriétaires, peuvent exercer leur hypothèque à leur rang » sur le bien délaissé ou adjugé. » Or, si leur auteur était réputé n'avoir jamais été propriétaire, comment pourraient-ils avoir ce droit? Leurs hypothèques tomberaient forcément avec son droit de propriété, par application du principe *resoluto jure dantis, resolcitur jus accipientis*.

Le premier alinéa de l'art. 2177 dit, il est vrai, que « les servitudes et droits réels que le tiers détenteur avait sur l'immeuble avant son acquisition et qui s'étaient éteints par confusion renaissent après le délaissement ou l'adjudication faite sur lui », mais cette disposition, toute d'équité, s'explique facilement : l'aliénation de leur gage ne doit en effet ni être préjudiciable aux créanciers ni leur procurer un bénéfice; ils doivent donc le mettre en vente tel qu'il se comportait avant l'aliénation.

Les choses se passent-elles de même en matière d'adjudication sur enchère du dixième? L'adjudication qui transfère la propriété de l'immeuble à l'adjudicataire *révoque-t-elle rétroactivement* ou *laisse-t-elle subsister* l'acte d'aliénation originairement passé entre le tiers détenteur et le vendeur ou donateur?

Avant d'aborder l'étude des principaux systèmes auxquels cette question a donné lieu, nous devons rechercher quel en est l'intérêt, et quelles conséquences entraîne l'adoption de l'une ou de l'autre doctrine.

Si le droit du tiers détenteur est rétroactivement résolu, s'il n'a jamais été propriétaire, tout doit se passer comme s'il n'y avait eu qu'une seule aliénation, celle qui a fait passer la propriété de l'aliénateur originaire à l'adjudicataire ; d'où les conséquences suivantes :

1° Le tiers détenteur n'est tenu d'exécuter aucune des obligations qui sont nées du contrat qu'il a fait avec l'aliénateur originaire ; si c'est un acheteur, il ne doit donc pas payer les intérêts de son prix, et, s'il les a payés, il peut les répéter.

2° En revanche, comme il n'a jamais été propriétaire, il ne peut conserver les fruits qu'il a perçus ; il ne peut même pas y prétendre à titre de possesseur de bonne foi, puisqu'il a eu connaissance des hypothèques qui pouvaient amener la résolution de son acquisition. Toutefois il faut distinguer ici entre les fruits perçus avant la sommation de payer ou de délaisser et ceux perçus après cette époque : les premiers profiteront au vendeur et à ses créanciers quels qu'ils soient ; les seconds, par suite de l'immobilisation qui les a frappés, appartiendront exclusivement aux créanciers hypothécaires.

3° Lorsque, par suite de l'adjudication, le prix de l'immeuble est supérieur au montant des créances hypothécaires, l'excédant appartient à l'aliénateur originaire ou à ses ayants cause, et non au tiers détenteur dépossédé. Si donc l'aliénateur a consenti sur l'immeuble adjugé de nouvelles hypothèques postérieurement à son contrat d'aliénation, ces hypothèques sont valables et peuvent être exercées à leur rang sur l'excédant du prix, puisqu'elles ont été établies par le propriétaire.

Le détenteur surenchéri ayant son recours en garantie contre l'aliénateur, pourra saisir et arrêter ce qui restera du prix après le paiement des dettes hypothécaires ; mais il n'aura pas un droit exclusif à cet excédant, car il sera forcé de subir le concours des créanciers chirographaires opposants qui ont un droit égal au sien.

4° En cas d'éviction, l'adjudicataire a son recours en garantie contre l'aliénateur originaire et non contre le tiers détenteur surenchéri.

5° Puisqu'il n'y a eu qu'une seule translation de propriété, il n'est dû qu'un seul droit de mutation ; ce droit est dû par l'adjudicataire seul, et les sommes payées au Trésor par le tiers détenteur surenchéri doivent être comptées en déduction à l'adjudicataire, sauf à celui-ci à en tenir compte lui-même, conformément à l'article 2188.

Si l'on accepte la doctrine opposée, si l'acte primitif d'aliénation n'est pas résolu, l'adjudication ne transfère à l'adjudicataire que le droit de propriété du tiers détenteur surenchéri, et alors toutes les conséquences que nous venons d'indiquer se produiront en sens inverse. Ainsi :

1° Le premier contrat est maintenu ; l'acheteur doit payer les intérêts de son prix, et, par conséquent, ne peut les répéter, s'il les a payés;

2° En revanche, il garde tous les fruits perçus avant l'immobilisation au profit des créanciers hypothécaires ;

3° Il a droit à l'excédant du prix d'adjudication, après le paiement des créanciers hypothécaires inscrits du chef des précédents propriétaires ; s'il a lui-même consenti des hypothèques, les titulaires pourront aussi se faire payer ;

4° Au lieu d'exercer directement son recours en garantie contre l'aliénateur primitif, l'adjudicataire l'exercera contre le tiers détenteur qui, lui-même, aura recours contre son vendeur ;

5° Le Trésor percevra deux droits de mutation.

De ces deux données, laquelle est la bonne ? Trois principaux systèmes ont été proposés :

1er système. — *L'adjudication opère toujours résolution du droit de propriété du créancier surenchéri.* S'il en était autrement, la disposition de l'art. 2188, aux termes de laquelle « l'adjudicataire est tenu, au-delà de » son prix d'adjudication, de restituer à l'acquéreur, » dont il prend la place, les frais et loyaux coûts de » son contrat », serait inexplicable. Tous les efforts faits pour expliquer cette disposition par d'autres motifs que la résolution du titre de l'acquéreur, n'aboutissent pas. Si l'acquéreur ne doit pas supporter les frais de son contrat, c'est parceque ce contrat est non avenu.

Dans les adjudications sur saisie ou sur délaissement, l'excédant du prix d'adjudication sur le montant des sommes inscritesdu chef des anciens propriétaires appartient aux créanciers du tiersdétenteur, l'art. 2177 le dit expressément; aussi celui-ci est-il obligé de supporter les frais de son contrat.

Cette disposition de l'art. 2177 a-t-elle été reportée au chapitre de la purge?

Non; les règles de l'adjudication sur saisie et celles de l'adjudication sur enchères du dixième sont donc différentes, séparément traitées. Il n'est pas possible d'assimiler les effets de ces diverses adjudications.

Cette distinction faite par la loi se comprend d'ailleurs facilement. En cas de saisie ou de délaissement, les créanciers n'ont pas à critiquer l'aliénation faite par leur débiteur; ils saisissent l'immeuble où il se trouve, se désintéressent sur le prix d'adjudication et remettent l'excédant au propriétaire, quel qu'il soit.

En matière de purge, les choses ne se passent pas ainsi : par les notifications, l'acquéreur soumet à l'approbation des créanciers de son vendeur l'acquisition qu'il vient de faire ; en refusant le prix offert et en surenchérissant, ils manifestent d'une façon formelle l'intention de regarder l'aliénation comme non avenue ; ils prétendent que le contrat ayant été fait en fraude de leurs droits doit être nul, et qu'il sera procédé en conséquence à une nouvelle aliénation. Ainsi, l'adjudication sur surenchère du dixième a lieu pour des motifs tout différents de ceux qui président aux autres adjudications; il est donc naturel que leurs effets soient également différents.

2ᵉ *système.* — *L'adjudication résout en principe le droit de propriété de l'acquéreur surenchéri; mais celui-ci peut, s'il le veut, en renonçant au bénéfice de l'art. 2188, exiger le maintien de son contrat.*

Le plus souvent, l'adjudication sur enchères du dixième donne un prix inférieur au montant des créances inscrites. L'acquéreur ne peut donc que perdre au maintien de son contrat ; telle a été la pensée de la loi ; aussi, l'a-t-elle résolu. De plus, comme il ne serait pas juste de laisser à son compte les frais d'un contrat réputé inexistant dans le passé et pour l'avenir, elle a donné à l'acquéreur un recours, non contre son auteur qui probablement est insolvable, mais contre l'adjudicataire qui paiera ces frais en sus de son prix d'adjudication. La disposition de l'article 2188 crée donc simplement un bénéfice en faveur du tiers acquéreur, qui conserve toujours le droit d'invoquer l'article 1184, aux termes duquel « quand une partie manque à ses engagements, l'autre a le choix de demander la résolution de son contrat ou de le maintenir. » Aussi, lorsque l'adjudication donne un prix supérieur au montant des sommes inscrites, le tiers détenteur a-t-il le droit de maintenir son contrat et de profiter de l'excédant du prix : mais alors il doit renoncer au bénéfice de l'article 2188, et les frais et loyaux coûts de son contrat resteront à sa charge.

3ᵐᵉ *système.* — *L'adjudication transfère, sans le résoudre, le droit de l'acquéreur surenchéri.* Telle est, suivant nous, la donnée de la loi.

Il est, en effet, impossible que la loi, par une simple disposition de faveur, ait créé un régime en complète opposition avec tous les principes et l'esprit général de notre droit.

Mais, avant d'exposer notre système, il nous faut montrer que les deux précédents ne reposent sur aucune base solide et ne sont nullement fondés.

Le premier établit d'abord entre l'adjudication sur délaissement et celle sur surenchère une diffé- rence qui n'est pas rationnelle. Dans les deux cas, l'éviction que subit le tiers détenteur est simple- ment le résultat du droit hypothécaire. On ob- jecte, il est vrai, que les créanciers qui procèdent par voie d'expropriation, reconnaissent la propriété du tiers détenteur, tandis que les créanciers, en sur- enchérissant protestent contre la vente elle-même. Mais cette proposition n'est qu'une pétition de prin- cipe ; en requérant la surenchère, les créanciers ne contestent pas la transmission de propriété ; ils refusent seulement de dégager l'acquéreur des charges réelles dont il est tenu au prix qu'il propose ; ils se bornent à refuser leur consentement à la purge.

Le tiers détenteur qui délaisse mérite moins de faveur que celui qui purge. Le contrat du premier étant maintenu, ne peut-on pas conclure par *a fortiori* au maintien du second ? Comment expliquer aussi que, s'il y a un excédant après que toutes les dettes hypo- thécaires auront été payées, on l'accorde au premier, tandis qu'on le refuse au second ? Les conséquences auxquelles aboutirait un pareil système, sont aussi contraires aux principes et à l'équité qu'en désaccord avec le but de la purge.

Le vendeur, qui aura l'espérance d'un meilleur prix pourra, en négligeant à dessein de remplir ses engagements, anéantir son contrat. Le donateur, dont le bien aura augmenté de valeur pourra à son gré révoquer sa donation contre toutes les règles établies par la loi; les héritiers d'un testateur, pourront en s'entendant avec les créanciers, enlever au légataire le bénéfice de son legs et porter ainsi atteinte à la volonté du testateur. Quel tiers détenteur voudrait purger dans des conditions aussi désavantageuses; plutôt que de restituer les fruits par eux perçus, le donataire ou le légataire préféreront attendre la saisie immobilière.

Mais pour accorder cet excédant au tiers détenteur, nous dit-on, il faudrait une disposition expresse et cette disposition n'existe nulle part : cet argument est sans valeur, car il existe bien d'autres lacunes dans la législation de la purge. Ainsi, la loi n'accorde pas expressément un recours en garantie au tiers détenteur surenchéri qui n'est pas adjudicataire, et cependant tout le monde convient que ce recours existe : de ce que la disposition du deuxième alinéa de l'article 2177 n'est pas reproduite en notre matière, a-t-on conclu que les servitudes et autres droits réels appartenant au tiers détenteur et éteints par confusion lors de l'aliénation ne revivent pas à son profit après l'adjudication?

N'est-il pas permis de conclure que c'est là un oubli

du législateur ? peut-être même a-t-il pensé qu'il était inutile de répéter des dispositions qui évidemment devaient recevoir leur application.

Le deuxième système, quoique moins absolu, ne peut pas non plus nous satisfaire : l'alternative dans laquelle on place le tiers détenteur est purement arbitraire ; et nous ne saurions admettre que celui-ci puisse, à sa volonté et suivant son intérêt, dispenser l'adjudicataire de payer les restitutions prescrites par l'art. 2188, en considération desquelles le prix a été fixé.

Voici maintenant la base sur laquelle repose notre système. Il n'y a de condition résolutoire que celle que les parties stipulent ou que la loi sous entend. Le contrat en vertu duquel le tiers détenteur possède est-il fait sous condition résolutoire? Non. — La loi sous-entend-elle la condition résolutoire ? Evidemment non ; c'est donc une acquisition pure et simple et par suite le tiers détenteur est propriétaire au moment où l'adjudication se fait.

Quant à la disposition de l'art. 2188, nous allons montrer qu'elle n'est pas incompatible, comme le prétendent nos adversaires, avec le maintien du titre du tiers détenteur dépossédé.

Un des principaux buts de la purge est de favoriser les ventes à l'amiable qui sont toûjours plus avantageuses que les ventes sur expropriation ; aussi la loi a-t-elle voulu rendre la position des tiers détenteurs aussi bonne que possible ; et pour qu'ils ne fussent pas arrêtés par la crainte d'une surenchère laissant à leur charge les frais indiqués dans l'art. 2188, elle a décidé que ces frais seraient supportés par l'adjudicataire ou pour mieux dire par les créanciers, puisque l'adjudicataire averti les fera entrer dans son prix. Telle est, suivant nous, la véritable donnée de la loi.

L'art. 2175 met à la charge du tiers détenteur, les détériorations qui procèdent de son fait ou de sa négligence : cette disposition est-elle applicable au tiers détenteur surenchéri ? Il faut répondre oui ; lorsque ce dernier a contracté, il a dû se renseigner et savoir que sa propriété était grevée de charges dont il aurait à répondre vis-à-vis des créanciers hypothécaires, en sa qualité de tiers détenteur ; ceux-ci ont donc contre lui une action en indemnité dont le profit doit leur être distribué dans l'ordre de leurs inscriptions.

Cette indemnité représente la différence en moins qui existe entre le prix d'adjudication et celui qui eût été atteint sans les détériorations ; mais il est évident que cette action ne peut profiter qu'aux créanciers hypothécaires et qu'à eux seuls appartient le droit de l'intenter.

Si le tiers détenteur surenchéri, est un acquéreur à titre onéreux, il a le droit de répéter contre son auteur les sommes payées aux créanciers hypothécaires ; par rapport à l'aliénateur en effet, il est véritable propriétaire, et par conséquent libre d'user et d'abuser de sa jouissance et de détruire son immeuble si tel est son bon plaisir, sans avoir à répondre d'aucun de ces faits.

Quant à l'adjudicataire, il ne peut pas plus prétendre à l'indemnité des détériorations qu'il ne peut être poursuivi à raison des impenses ou améliora-tions faites sur l'immeuble ; il l'acquiert tel qu'il se comporte au moment du jugement, à moins que le cahier des charges ne contienne en outre une clause de recours à exercer ou à supporter.

Nous admettons que le tiers détenteur surenchéri doit garantie à l'adjudicataire ; mais, si cette garantie n'est pas suffisante pour le couvrir, ce dernier n'a aucun recours contre les créanciers hypothécaires. Ceux-ci saisissent et vendent, sans vouloir s'obliger, les biens que leur débiteur a déclarés siens ; c'est à l'adjudica-taire à prendre ses renseignements.

Toutefois, en cas d'éviction, l'adjudicataire peut ré-péter ce qu'il a payé aux créanciers hypothécaires comme paiement indû ; car il a entendu acquitter sa dette et non celle du débiteur ; la vente étant nulle, il ne leur devait rien.

# DEUXIÈME PARTIE

### Purge des Hypothèques non inscrites.

Nous avons dit, en exposant le système de purge organisé par la loi du 11 brumaire an VII, que sous

11

l'empire de cette loi, toutes les hypothèques, même celles accordées aux femmes mariées et aux mineurs sur les biens de leurs maris et de leurs tuteurs devaient être inscrites : il n'y avait qu'un seul mode de purge, et lorsque le tiers détenteur avait accompli toutes les formalités prescrites, l'immeuble par lui acquis se trouvait libéré entièrement de toutes les charges qui le grevaient.

Ce régime offrait de grands avantages pour l'acquéreur qui, au moyen d'une seule procédure, rendait libre sa propriété : mais il avait le défaut de ne pas protéger suffisamment les droits des femmes et des mineurs, qui par eux-mêmes pouvaient difficilement requérir l'inscription de leur hypothèque : la femme n'osait pas prendre une mesure qui aurait été une marque de défiance contre l'administration de son mari, et les mineurs ne pouvaient veiller à leurs propres intérêts.

Quant à l'obligation imposée par la loi aux maris et tuteurs de requérir l'inscription sur leurs biens, elle était le plus souvent éludée; ceux-ci se gardaient de remplir une formalité nuisible à leur crédit, et compromettaient ainsi les droits des incapables qu'ils étaient chargés de protéger.

Les rédacteurs du Code pour remédier à cet état de choses, admirent que les hypothèques de ces incapables produiraient leur effet indépendamment de toute inscription. Ce principe établi, il fallut donc créer un nouveau mode de purge s'appliquant exclusivement à ces inscriptions et c'est dans ce but qu'ont été faits les

articles 2194 et 2195 qui reproduisent à quelques dif-
férençes près, les dispositions de l'édit de Louis XV,
dont nous avons parlé au commencement de cette
étude.

Les principales innovations consistent ainsi qu'on
le verra plus loin : 1° En ce que l'acquéreur est tenu
de faire certaines notifications ; 2° en ce que les créanciers sont mis en demeure de s'inscrire dans un certain délai, ce qui ne pouvait exister sous le régime de
l'édit.

On sait que les priviléges généraux de l'art. 2101
n'ont pas besoin d'être inscrits pour produire leur
effet ; nous ne pouvons donc pas leur appliquer la procédure prescrite pour la purge des priviléges et hypothèques inscrits. D'un autre côté, les dispositions des
articles 2194 et 2195 sont restreintes aux seules hypothèques légales, non *inscrites* des mineurs et femmes
mariées. Résulte-t-il de là que le tiers détenteur ne
pourra purger ces priviléges et sera exposé, postérieurement à la purge, à un recours des titulaires qui
auront le droit de l'exproprier, s'il refuse de les désintéresser ?

Il faut répondre non ; car ce n'est qu'au point de vue
du droit de préférence que ces priviléges sont dispensés d'inscription ; mais, quant au droit de suite, les
titulaires ne pourront l'exercer que s'ils ont pris inscription en temps utile c'est-à-dire sous l'empire de la
loi de 1855, avant la transcription de l'acte d'aliénation. Cette déchéance est peut-être rigoureuse ; mais
quoiqu'il en soit, la loi est formelle.

Avant d'aborder les formalités prescrites par la loi en vue de la purge légale, constatons qu'elle n'a lieu, ainsi que la purge des hypothèques inscrites, qu'en cas d'aliénation. Les articles 2193, 2194 et 2195 ne parlent jamais que de l'acquéreur : il faut donc en conclure que les prêteurs de deniers, quelque intérêt qu'ils puissent avoir à faire apparaître les hypothèques occultes, ne peuvent jamais recourir à la voie de la purge légale ; cependant une exception a été faite à cette règle en faveur des Sociétés du Crédit foncier ; nous y reviendrons plus loin.

La purge légale étant un moyen offert à l'acquéreur pour *faire apparaître*, par une mise en demeure, les hypothèques dispensées d'inscription, ne peut avoir d'application que lorsqu'elles n'ont pas été inscrites ; si donc elles ne sont pas occultes, elles se trouvent placées dans les conditions de droit commun, et l'acquéreur ne les purgera qu'en remplissant les formalités prescrites pour les hypothèques inscrites. — Par contre, si elles sont occultes, l'acquéreur ne peut les purger que d'après le mode établi par les articles 2193 et suivants, et la procédure de la purge ordinaire serait insuffisante.

D'ailleurs, sauf les quelques observations qui précèdent, toutes les règles de la purge des hypothèques inscrites, relativement aux droits qui donnent la faculté de purger et aux personnes qui peuvent user de cette faculté, sont applicables à notre matière. La purge des hypothèques légales diffère de l'autre surtout par les formalités à remplir, et aussi, dans une certaine mesure, par l'effet qui y est attaché par la loi.

Ajoutons que la purge légale, comme celle des hypothèques inscrites, est toujours facultative ; cependant elle est nécessaire pour éteindre les hypothèques occultes. Avant la loi du 21 mai 1858 il existait une grave controverse sur la question de savoir s'il en était ainsi même au cas où l'immeuble se trouvait entre les mains du détenteur par suite d'une adjudication sur expropriation forcée. Cette loi a tranché toute difficulté en décidant (art. 717, Code de procédure) que l'expropriation forcée purge par elle-même *toutes* les hypothèques inscrites ou non inscrites (1).

---

## CHAPITRE Iᵉʳ.

### DES FORMALITÉS QUE DOIT REMPLIR L'ACQUÉREUR.

Les acquéreurs d'immeubles appartenant à des maris ou à des tuteurs, lorsqu'ils veulent purger les hypothèques non inscrites des femmes, mineurs et interdits, doivent, aux termes de l'article 2194 :

1° Déposer copie, dûment collationnée, du contrat translatif de propriété, au Greffe du Tribunal civil de première instance du lieu de la situation des biens ;

2° Certifier, par acte signifié tant à la femme ou au subrogé-tuteur qu'au Procureur de la République près le Tribunal, le dépôt qu'ils auront fait ;

(1) Avant la loi de 1858, la Cour de cassation, depuis *son arrêt solennel* du 22 juin 1833, jugeait invariablement que l'expropriation forcée ne purgeait pas les hypothèques légales non inscrites.

3° Faire afficher et exposer pendant deux mois, dans l'auditoire du Tribunal, un extrait de ce contrat, contenant sa date, les noms, prénoms, profession et domicile des contractants, la désignation de la nature et de la situation des biens, le prix et les autres charges de la vente.

Enfin, dans le cas où l'acquéreur craindrait que l'immeuble par lui acquis ne fût grevé d'hypothèques légales à raison d'une tutelle ou d'un mariage dont il ignorerait l'existence, comme aussi dans le cas où il ne connaîtrait pas le subrogé-tuteur, la femme ou ses représentants, la signification à personne étant impossible, un avis du Conseil d'État des 9 mai - 1er juin 1807 dispose que :

« Lorsque, soit la femme ou ceux qui la repré-
» sentent, soit le subrogé-tuteur, ne seront pas connus
» de l'acquéreur, il sera nécessaire et il suffira, pour
» remplacer la signification qui doit leur être faite aux
» termes de l'article 2194 du Code civil : en premier
» lieu que, dans la signification à faire au Procureur
» de la République, l'acquéreur déclare que ceux du
» chef desquels il pourrait être formé des inscriptions
» pour raison d'hypothèques légales existantes indé-
» pendamment de l'inscription n'étant pas connus, il
» fera publier la susdite signification dans les formes
» prescrites par l'article 683 (nouvel article 696) du
» Code de procédure civile ; en second lieu, qu'il
» fasse cette publication dans ladite forme de l'ar-
» ticle 683 du Code de procédure, ou que, s'il n'y avait
» pas de journal dans le département, il se fasse déli-

» vrer, par le Procureur de la République, un certifi-
» cat portant qu'il n'en existe pas... » (1)

Par l'accomplissement de ces formalités, l'acquéreur rend public son titre d'acquisition : le dépôt au
Greffe joue ici le rôle assigné à la transcription dans
la purge ordinaire ; on peut dire qu'il est l'acte préliminaire de la purge.

Quant à la question de savoir par qui ce dépôt doit
être effectué, nous pensons que le ministère de l'avoué
n'est pas indispensable, puisque la loi n'en parle pas,
et qu'il peut être fait par l'acquéreur lui-même ou par
son fondé de pouvoir ; mais nous ne pouvons aller
jusqu'à dire que l'avoué n'a pas le pouvoir de le faire,
car la purge est un acte qui rentre dans ses attribu-
tions, et par conséquent il doit avoir qualité pour certifier, sous sa responsabilité, toutes les copies des
pièces de la procédure.

La signification doit être faite à la femme et non
au mari, parce que ce dernier se trouve en opposition
d'intérêts avec elle, et qu'il ne prendrait peut-être pas
inscription, afin d'éviter la surenchère qui l'obligerait
à un recours envers l'acquéreur dépossédé. Par identité de raisons, la signification est faite non au tuteur,
mais au subrogé-tuteur qui doit prendre les intérêts
du pupille quand il y a opposition d'intérêts entre
lui et son tuteur. Enfin, la signification doit être faite
aussi au Procureur de la République, qui est le représentant légal de tous les incapables.

(1) En 1851, un projet de loi tendant à modifier ces formalités, longues,
coûteuses et à peu près inefficaces, fut proposé à l'Assemblée législative.
Mais, malheureusement, ce projet n'a pas abouti.

Cette signification est faite par ministère d'huissier, mais nous accordons le droit de la faire à tout huissier, même non commis par le Président du Tribunal : car l'art. 832 du Code de procédure, qui prescrit cette formalité à peine de nullité pour les notifications à fins de purge et la réquisition de surenchère, ne vise que les articles 2183 et 2185, et les cas de nullité ne peuvent s'étendre par analogie.

Nous avons cité plus haut un avis du Conseil d'Etat des 9 mai - 1ᵉʳ juin 1807, dont les dispositions s'appliquent lorsque l'existence des hypothèques légales n'est pas connue ou lorsque l'individualité des créanciers pouvant avoir une hypothèque n'est pas établie. Mais il faut remarquer que ces formalités seraient insuffisantes si l'acquéreur, connaissant le subrogé-tuteur ou la femme mariée, faisait une fausse déclaration au Procureur de la République. La partie lésée aurait le droit de demander la nullité de la purge faite dans de semblables conditions, et le Tribunal devrait la prononcer : autrement, la fraude serait trop facile.

Dans le cas où l'acquéreur connaîtrait les mineurs, mais en sachant qu'ils n'ont pas de subrogé-tuteur, il devrait en provoquer la nomination. S'il ne voulait pas user de ce droit il préviendrait, dans sa signification, le Procureur de la République de la situation anormale des mineurs ; celui-ci devrait requérir le Juge de paix d'avoir à convoquer le conseil de famille afin de nommer le subrogé-tuteur et, si besoin était, faire inscrire lui-même l'hypothèque de ces mineurs.

L'extrait du titre de l'acquéreur, avons-nous dit,

doit rester affiché pendant deux mois dans l'auditoire du Tribunal. Pendant ce délai, les femmes, maris, tuteurs, subrogés-tuteurs, mineurs, interdits, parents, et le Procureur de la République, sont reçus à requérir s'il y a lieu et à faire faire, au Bureau des Hypothèques, des inscriptions sur l'immeuble aliéné.

Quant au point de départ de ce délai, il varie suivant qu'il s'agit d'hypothèques légales *connues* ou d'hypothèques légales *inconnues*. Dans le premier cas, il se place au jour de l'exposition de l'extrait dans l'auditoire du Tribunal, l'art. 2194 le dit formellement ; mais nous supposons, bien entendu, que l'exposition aura été précédée de la signification à la femme ou au subrogé-tuteur, signification qui a pour but de les interpeller directement : autrement, il ne commencerait à courir que du jour où la dernière de ces formalités aurait été accomplie.

Dans le second cas, l'avis du Conseil d'Etat du 1er juin 1807 décide que le point de départ du délai de deux mois se place au jour de la publication faite, conformément à l'art. 696, ou au jour de la délivrance du certificat du procureur de la République, portant qu'il n'existe pas de journal dans le département.

Les formalités de l'article 2194 ont un double but : 1° mettre en demeure les créanciers dont l'hypothèque légale n'est pas inscrite, de prendre inscription dans le délai que nous venons d'indiquer ; 2° leur permettre de surenchérir, s'ils espèrent que l'immeuble atteindra un prix supérieur à celui qui est porté dans l'acte d'aliénation.

La mise en demeure de prendre inscription résulte des termes mêmes de notre article, et nous devons ajouter que les inscriptions prises au nom des femmes, des mineurs et des interdits produiront le même effet que si elles avaient été prises le jour du mariage ou le jour de l'entrée en fonctions du tuteur, sans préjudice des poursuites qui pourraient avoir lieu contre les maris et les tuteurs, pour hypothèques par eux consenties au profit de tierces personnes, sans leur avoir déclaré que les immeubles étaient déjà grevés d'hypothèques, en raison du mariage ou de la tutelle.

L'article 2194 n'accorde pas expressément la faculté de surenchérir ; mais comme la surenchère n'est qu'une manifestation du droit de suite, lequel est une prérogative attachée à toutes les hypothèques indistinctement, nous ne pouvons refuser le droit de la requérir aux créanciers munis d'une hypothèque légale.

Nous examinerons plus loin la question de savoir dans quel délai le droit de surenchère doit être exercé.

## CHAPITRE II.

### DU DÉLAI DE DEUX MOIS ET DE SES CONSÉQUENCES.

Il faut voir maintenant comment l'immeuble est affranchi définitivement des hypothèques légales qui le grèvent. A cet égard, la loi (art. 2195) prévoit deux hypothèses dont nous allons successivement nous occuper : 1° celle où, dans le délai de deux mois, il

n'a été pris aucune inscription ; 2° celle où des inscriptions ont été requises.

*Première hypothèse.* — Aucune inscription n'a été prise dans
les délais.

« Si, dans le cours des deux mois de l'exposition du
contrat, dit l'article 2195, 1er al., il n'a pas été fait
d'inscription du chef des femmes, mineurs ou interdits sur les immeubles vendus, ils passent à l'acquéreur sans aucune charge à raison des dots, reprises
et conventions matrimoniales de la femme ou de la
gestion du tuteur. »

Ainsi, par suite du défaut d'inscription, tout droit
de suite est perdu, et il n'est plus permis aux créanciers de provoquer la surenchère ni de demander le
délaissement ; l'immeuble reste libre entre les mains
de l'acquéreur. Ceci est incontestable et la doctrine et
la jurisprudence sont d'accord sur ce point.

Mais le titulaire de l'hypothèque qui se trouve peut-
être, sans sa faute, déchu de tout droit sur l'immeuble
vis-à-vis de l'acquéreur, ne conserve-t-il pas son droit
de préférence sur le prix non payé ? En d'autres
termes, le droit de préférence survit-il au droit de surenchère ou périt-il avec lui ?

Cette question a donné lieu à de très-vives controverses, jusqu'à loi de 1858 sur la saisie immobilière.

La Cour de cassation (1) soutenait que le défaut d'inscription dans les délais légaux faisait perdre le droit de

_____

(1) Cass., 11 mars 1851 ; — Ch. réun., 22 février 1852 ; — Rej., 1er juin
1850 ; — Civ., 21 juillet 1853.

suite et le droit de préférence, et que les femmes,
mineurs et interdits ne pouvaient rien prétendre sur le
prix, lors même qu'ils se présentaient avant qu'il fût
payé. Certaines Cours d'appel étaient moins rigoureuses et permettaient à ces créanciers de conserver
leur droit de préférence.

Cette solution était plus conforme aux principes.
Celle de la Cour de cassation n'était, au contraire, que
le résultat d'une confusion ; elle soumettait à un principe commun deux droits essentiellement différents :
le *droit de suite*, qui intéresse les créanciers dans leurs
rapports avec le tiers détenteur, et le *droit de préférence*, qui ne concerne que les créanciers dans leurs
rapports entre eux.

Or, vis-à-vis des créanciers, la femme et les mineurs
n'ont pas besoin d'inscription ; ils peuvent, par conséquent, se présenter à l'ordre ouvert pour la distribution du prix et y être admis.

Cette distinction entre le droit de préférence et le
droit de suite et la survie du premier au second ne
pouvaient pas d'ailleurs être regardées comme une
singularité dans cette hypothèse. En effet, deux textes
(av. la loi de 1858), l'art. 17 de la loi de 1841, sur
l'expropriation pour cause d'utilité publique, et l'art.
2108 du Code civil admettaient que le droit de préférence pouvait subsister après la perte du droit de suite.

La loi du 21 mai 1858 a donné raison à ce dernier
système en reconnaissant cette indépendance des
deux droits et la survie du droit de préférence au droit
de suite. Seulement, elle l'a renfermé dans de justes

limites. Ainsi (nouvel art. 772, Code de procéd.) « les
créanciers à hypothèque légale qui n'ont pas pris inscription dans le délai fixé par la loi, ne peuvent exercer de droit de préférence sur le prix qu'autant qu'un
ordre est ouvert dans les trois mois qui suivent l'expiration de ce délai. » A défaut d'ordre ouvert dans cet
espace de temps, rien ne subsiste de l'hypothèque légale, ni le droit de suite ni le droit de préférence.

Si un ordre est ouvert dans les trois mois les
femmes, mineurs et interdits peuvent y produire leurs
droits. Mais dans quel délai? La loi distingue :

Si l'ordre n'est pas judiciaire, qu'il se fasse par voie
*de conciliation* devant le juge-commissaire ou le juge
spécial (art. 751, C. pr.); par voie *d'instance princi-*
*pale* devant le tribunal, s'il y a moins de quatre
créanciers inscrits (art. 773, C. pr.) ou à *l'amiable*,
par réglement fait volontairement entre parties procé-
dant pardevant notaires, l'hypothèque légale peut y
être produite, *tant qu'il ne sera pas clôturé.*

Si l'ordre est *judiciaire*, les créances doivent y être
présentées *sous peine de déchéance*, avant l'expiration
des quarante jours que l'art. 754 (Cod. pr.) accorde
aux créanciers inscrits pour faire eux-mêmes leurs
productions. Comme le point de départ de ce délai
court de la dernière sommation adressée aux créanciers inscrits pour les mettre en demeure d'avoir à se
présenter, il en résulte qu'au cas où elles auront été
faites en différents temps, les titulaires de l'hypothèque
légale pourront utilement produire même après trois
mois pourvu qu'il ne se soit pas écoulé quarante
jours à compter de la dernière sommation.

Si, par négligence ou par collusion, les créanciers inscrits retardaient l'ouverture de l'ordre, les femmes, mineurs et interdits pourraient la provoquer et requérir la nomination d'un juge-commissaire pour y procéder (art. 750, C. pr.). En tous cas, à la différence des créanciers inscrits, les incapables qui n'ont pas pris inscription ne sont point *expressément appelés* à l'ordre qui s'ouvre, suit son cours et arrive à la fin sans qu'aucun avertissement leur soit donné. C'est à eux de se renseigner s'ils ne veulent pas encourir la déchéance prononcée par la loi contre les créanciers retardataires. (Art. 754 et 795, C. pr.)

Enfin, le droit de préférence ne peut, en aucun cas, être produit à l'encontre d'un fait accompli, même au lendemain de la purge. Donc, si l'acquéreur, même avant l'expiration du délai que la loi accorde pour agir aux titulaires d'hypothèque légale, paie son prix soit au vendeur, soit aux créanciers chirographaires de ce dernier, ces actes seront valables et le droit de préférence sera complètement anéanti.

Bien que la question de la survie du droit de préférence au droit de suite ait été tranchée par la loi de 1858, la Cour de cassation, même postérieurement à la promulgation de cette loi, a continué d'appliquer sa théorie aux ordres ouverts antérieurement, et a décidé que la loi de 1858 ne s'appliquait pas aux ordres ouverts antérieurement à cette loi. (Cas. civ., 21 juillet 1863.)

L'article 2105 accorde aux femmes, mineurs et interdits, déchus de leur droit de suite pour défaut

d'inscription dans les délais, un recours contre leur
mari ou leur tutenr. Ce recours est peu utile, car s'ils
sont solvables, le défaut d'inscription ne cause aucun
préjudice aux incapables ; s'ils sont insolvables, à quoi
sert d'avoir contre eux une action en dommages-intérêts ? Les mineurs et les interdits ont, de plus, un
recours en dommages-intérêts contre leur subrogé-
tuteur, dont la situation de fortune peut être meilleure
que celle de leur tuteur.

*Deuxième hypothèse.*— **Des inscriptions ont été prises dans les
délais.**

Lorsque une inscription a été prise dans les délais
fixés, l'hypothèque légale conserve tout son effet au
point de vue du droit de suite et du droit de préférence. Aucun paiement ne peut être fait au préjudice des
titulaires de l'hypothèque ; aucun ordre ne peut être
ouvert sans qu'ils y soient expressément appelés.

Les créances garanties par l'hypothèque peuvent
être indéterminés ; peut-être même n'existeront-elles
pas au jour de la dissolution du mariage ou de la cessation de la tutelle : peu importe, l'inscription prise permet d'exercer le droit de surenchère.

Mais dans quel délai ce droit doit-il être exercé ? Il
y a sur ce point trois systèmes : Dans le premier, on
soutient qu'en inscrivant leur hypothèque légale, les
femmes et les mineurs rentrent dans le droit commun ;
que dès lors, l'acquéreur doit remplir à leur égard les
formalités prescrites par les articles 2183 et suiv. du
Code civ., et qu'ils ont ainsi le droit de surenchérir

dans les quarante jours suivants. — Autrement, dit-on l'exercice de leur droit serait impraticable : s'ils ne reçoivent pas de notifications, comment sauront-ils s'ils ont intérêt ou non à surenchérir? Si l'acquéreur est un donataire ou un co-échangiste, comment pourront-ils, s'il ne leur offre pas de prix, faire une surenchère du dixième?

Dans le second système, le délai de quarante jours pour surenchérir partirait de l'expiration des deux mois.

Ces deux systèmes n'ont pas prévalu, et l'opinion dominante est que la faculté de prendre inscription et et celle de surenchérir se confondent, et qu'ainsi le délai de deux mois est le seul qui soit accordé aux femmes et aux mineurs pour s'inscrire et pour surenchérir.

En effet, les règles qui concernent les deux purges sont distinctes, et sont contenues dans deux chapitres différents, dont l'un n'a trait qu'aux hypothèques ordidinaires et dont l'autre ne s'occupe que des hypothèques légales. — De plus, la purge légale est imitée de l'édit de 1771, et dans cet édit, le délai de surenchère se confondait avec celui pendant lequel les créanciers devaient se faire connaître.

Or, ces deux purges empruntées à des législations différentes se suffisent complètement à elles-mêmes, et on ne peut combiner entre eux ces deux systèmes d'origine si diverse.

Enfin, les notifications des articles 2183 et 2184 feraient double emploi avec la signification de l'article 2194.

Tel est le système adopté par la jurisprudence
(Paris, 16 décemb. 1840; 26 nov. 1857 ; Bordeaux
1" juin 1863).

Récemment, la Cour de cassation, ayant à décider
si la notification de l'art. 2194 faisait courir les intérêts du prix comme celle faite en vertu de l'art. 2183
a conclu incidemment à l'identité des effets des deux
espèces de notifications.— « Attendu, dit cet arrêt,
que sans doute les notifications prescrites par les articles 2183 et 2184 C. civil. sont faites directement aux
créanciers inscrits, avec offre du prix de l'immeuble,
tandis que la signification exigée par l'art. 2194 est
une certification du dépôt au greffe de la copie dûment
collationnée du contrat translatif de propriété.

Mais qu'en cette forme, la signification n'en est pas
moins pour le créancier à hypothèque légale non inscrite, une mise en demeure, non-seulement d'avoir à
inscrire son hypothèque dans le délai imparti par la loi,
mais encore, si le prix de l'immeuble ne lui paraît pas
suffisant, de former une surenchère *dans le même délai* à peine de déchéance ; qu'ainsi elle est sous ce
dernier rapport, ce qu'est pour le créancier inscrit la
notification exigée par l'art. 2183 etc...» (Rej. cass.,
1" mars 1870).

L'inscription prise dans les délais de deux mois a
la même force, dit l'art. 2105 que si elle avait été prise
le jour du contrat de mariage, ou le jour de l'entrée
en gestion. Cette disposition ne doit pas être prise à
la lettre. Elle ne veut pas dire par exemple : que l'inscription prise par la femme le jour de son contrat de

mariage lui donnerait rang à compter de sa date ; car l'hypothèque ne commence au plus tôt que le jour du mariage.

Elle signifie que les mineurs ou interdits pourront opposer leur hypothèque aux créanciers dont l'inscription est postérieure au jour de l'acceptation de la tutelle par le tuteur ou plutôt au jour où commence sa responsabilité. — Quant aux inscriptions de la femme elles sont réputées prises : pour sa dot et conventions matrimoniales, à compter du jour du mariage; pour les sommes dotales provenant de successions à elles échues ou de donations à elle faites pendant le mariage à compter du jour de l'ouverture de la succession ou du jour où les donations ont produit leur effet. Pour l'indemnité des dettes contractées pendant le mariage, et le remploi de ses propres aliénés, à compter du jour de l'obligation ou de la vente.

Ces points établis, il faut successivement examiner le cas où l'hypothèque inscrite au cours des deux mois de l'exposition du contrat est primée par d'autres créanciers inscrits sur l'immeuble, et celui, au contraire, où elle primerait ces autres créanciers.

1er Cas : ce cas est réglé par le § 2 de l'art. 2195 qui est ainsi conçu : « S'il a été pris des inscriptions du chef des dites femmes, mineurs et interdits, et s'il existe des créances antérieures qui absorbent le prix en totalité ou en partie, l'acquéreur est libéré du prix par lui payé aux créanciers placés en ordre utile, et les inscriptions du chef des femmes, mineurs ou interdits seront rayées ou en totalité ou jusqu'à due concurrence. »

Ainsi le détenteur peut valablement payer son prix
aux créanciers dont le rang est préférable à celui des
femmes et mineurs.

Si le paiement absorbe le prix en entier, l'immeuble
est purgé même des hypothèques légales qui se sont
révélées sur la mise en demeure. — S'il reste quelque
chose du prix, l'immeuble n'est libéré et les inscriptions ne sont rayées que jusqu'à due concurrence; le
détenteur doit compte de l'excédant aux créanciers à
hypothèque légale.

2e Cas : Le dernier § de l'art. 2195 ajoute: « Si les
inscriptions du chef des femmes, mineurs ou interdits
sont les plus anciennes, l'acquéreur ne pourra faire
aucun paiement du prix au préjudice des dites inscriptions, qui auront toujours la date du contrat de mariage, ou de l'entrée en gestion du tuteur, et dans ce
cas, les inscriptions des autres créanciers qui ne viennent pas en ordre utile seront rayées. »

Le détenteur ne purge donc les hypothèques légales
qu'en employant son prix à éteindre jusqu'à due concurrence les créances qu'elles garantissent; dans ce
but, la loi prescrit de ne faire aucun paiement au préjudice des dites inscriptions. Il en résulte qu'il ne doit
pas verser son prix entre les mains du mari et du tuteur, puisque ce sont les débiteurs de ceux dont l'inscription a révélé les créances; ni entre les mains du
pupille et de la femme non séparée, puisque le mineur
est incapable de recevoir un paiement, et que la femme
n'a cette capacité qu'à la dissolution du mariage. Il
doit le conserver par devers lui, ou le consigner, s'il
le préfère.

Enfin, la prescription du dernier alinéa de notre article, « les inscriptions des autres créanciers qui ne viennent pas en ordre utile seront rayées, » ne doit être appliquée qu'autant qu'il est certain qu'ils ne viennent pas en ordre utile, et pour qu'on puisse avoir cette certitude, il faut que les créances garanties par l'hypothèque légale soient certaines et actuellement déterminées, ce qui arrivera rarement.

En effet, tant que dure le mariage ou la tutelle, les créances des femmes ou des mineurs ne sont qu'éventuelles : lors de la dissolution du mariage ou de la cessation de la tutelle, il ne sera peut-être rien dû! pourquoi, en présence d'une telle éventualité, rayer les inscriptions des créanciers primés. Il vaut mieux les conserver jusqu'à la liquidation des droits garantis par l'hypothèque légale.

Quant à l'emploi des sommes ainsi réservées jusqu'à cette liquidation, la loi ne prescrit pas de mode particulier : nous pensons que l'acquéreur pourra toujours le consigner. La jurisprudence l'a souvent même autorisé à verser ces sommes entre les mains des créanciers inférieurs en rang qui le demandent, en offrant bonne et valable caution de les restituer au cas échéant. Cette décision nous semble très-équitable (MM. Aubry et Rau, t. III, § 205).

## CHAPITRE III.

### PURGE SPÉCIALE AUX SOCIÉTÉS DE CRÉDIT FRONCIER

La purge est une voie de sûreté si favorable au développement de la propriété immobilière, une garantie

si utile au Crédit foncier, qu'elle devrait être acces-
sible non-seulement à tous les acquéreurs mais encore
aux prêteurs de deniers. Pourtant, nous l'avons dit
déjà, la purge n'est point organisée pour les prêteurs
et, malgré tout l'avantage qu'ils en retireraient, ils ne
peuvent en bénéficier.

Toutefois, dans le dernier état de notre droit, les
sociétés de Crédit foncier ont reçu de la loi, par une
faveur toute spéciale, la faculté de faire la purge des
hypothèques occultes au moment où le contrat de
prêt se forme avec elle. Notons que ces sociétés ne
peuvent purger que les hypothèques occultes et cela
se comprend; en leur qualité d'établissement de crédit
public, elles ne doivent pas risquer leurs fonds sur des
immeubles déjà grevés d'hypothèques; elles refusent
dans ce cas les prêts qu'on leur demande. Mais il leur
est impossible de vérifier l'existence des hypothèques
légales non inscrites; leur refuser la faculté de les
purger, ce serait créer un obstacle insurmontable à
leur établissement.

A l'origine, on était même tellement imbu de cette
idée, que le décret organique du 28 février 1852, *im-
posait* à ces sociétés l'obligation de purger, et cette
obligation comprenait non-seulement les hypothèques,
mais encore toutes les charges occultes pouvant porter sur la propriété foncière, comme les actions réso-
lutoires ou rescisoires, les priviléges non inscrits, etc.

La loi du 10 juin 1853 a rendu d'une part la purge
facultative, et de l'autre a limité son application aux
hypothèques laissant à l'écart toutes les autres charges

occultes. De plus, elle a créé pour cette purge, une procédure qui diffère essentiellement de celle organisée par l'art. 2194, et dont nous devons indiquer ici la marche et les éléments.

A proprement parler, le système de cette nouvelle législation n'est pas un mode véritable de purge, puisque le prêteur ne saurait avoir, comme l'acquéreur, le droit d'éteindre les hypothèques et priviléges qui grèvent l'immeuble moyennant l'offre de son prix d'acquisitions et sauf le droit de surenchère.

Voici, en résumé, l'économie des lois nouvelles : la société de crédit foncier qui veut prêter sur première hypothèque, examine l'état des inscriptions de l'immeuble qui lui est offert. Pour les hypothèques soumises à l'inscription, ou même pour celles des mineurs, femmes et interdits, si elles sont inscrites, rien de plus simple. La société ne prête qu'après que l'emprunteur a obtenu main-levée de ces inscriptions.

Il n'en est pas de même pour les hypothèques légales dispensées d'inscription, dans l'hypothèse où elles n'auraient pas été inscrites. Le crédit foncier qui croirait, en l'absence de toute inscription, être premier créancier hypothécaire, pourrait se trouver plus tard primé par une de ces hypothèques occultes; et c'est ici qu'apparaît l'avantage des lois de 1852 et 1853.

Elles viennent donner au crédit foncier, pour éviter ce danger, le droit de faire apparaître les hypothèques occultes dans un certain délai, et moyennant certaines

formalités que nous allons expliquer. Dans ces conditions, ou les hypothèques occultes seront inscrites
dans le délai voulu, et alors la société ne prêtera
qu'autant que l'emprunteur en aura obtenu main-levée,
ou elles ne seront pas inscrites, et, en ce cas, elles
seront vraiment purgées vis à vis du prêteur dont l'hypothèque primera les hypothèques légales non inscrites,
qui conserveront cependant leur rang vis à vis des
autres créanciers.

Il résulte de cet exposé que le privilége du crédit
foncier ne consiste pas dans un droit de purge véritable, mais seulement dans le droit de forcer les
créanciers à hypothèques légales dispensées d'inscription, à s'inscrire dans un certain délai sous peine de
déchéance de leur rang hypothécaire.

Il ne nous reste plus maintenant qu'à indiquer som-
mairement la marche de la procédure prescrite par la
loi de 1853 :

S'il s'agit d'hypothèques *légales connues*, un extrait
de l'acte constitutif de l'hypothèque au profit de la société de crédit foncier, doit être signifié : — à la
femme et au mari — au tuteur et subrogé-tuteur du
mineur ou de l'interdit— au mineur émancipé et à son
curateur — à tous les créanciers non inscrits ayant
hypothèque légale (art. 19).

L'extrait doit contenir, à *peine de nullité*, des men-
tions propres à faire connaître l'emprunteur, l'immeuble offert en gage, le montant du prêt, et en outre,
l'avertissement que pour conserver vis à vis de la société le rang de l'hypothèque légale il est nécessaire

do la faire inscrire dans les quinze jours, à partir de la signification, outre les délais de distance (art. 20).

Les art. 21, 22, 23, posent les règles d'après lesquelles la signification doit être faite : elle doit l'être à la femme en personne à moins qu'elle n'ait été présente au contrat de prêt et prévenue par le notaire de ce qu'elle doit faire pour conserver ses droits, auquel cas la signification peut être simplement faite au domicile.

Si l'emprunteur est un tuteur, la signification doit être faite au subrogé tuteur et au juge de paix du lieu dans lequel la tutelle s'est ouverte. Le conseil de famille doit être convoqué dans la quinzaine de la signification, et doit délibérer pour faire prendre l'inscription si elle est utile.

Donc, si les hypothèques sont connues, les formalités sont moins compliquées que celles de l'art. 2104; il n'y a ni dépôt ni affiches, qui ne serviraient à rien puisque les intéressés sont connus ; les notifications suffisent à les prévenir.

Lorsque les titulaires d'hypothèques légales sont *inconnus*, l'art. 24 dispose que « l'extrait de l'acte constitutif d'hypothèque doit être signifié au Procureur de la République près le tribunal de l'arrondissement du domicile de l'emprunteur, et au Procureur de la République près le tribunal de l'arrondissement dans lequel l'immeuble est situé. Cet extrait doit être inséré, avec la mention des significations faites, dans l'un des journaux désignés pour la publication des annonces judiciaires de l'arrondissement dans lequel l'immeuble est situé. L'inscription doit être prise dans un délai de quarante jours à compter de l'insertion. » La purge est opérée par le défaut d'inscription dans les délais fixés ci-dessus.

Elle confère à la société de crédit foncier la priorité sur les hypothèques légales. — Cette purge ne profite pas, nous l'avons dit déjà, aux tiers qui demeurent assujettis aux formalités prescrites par les articles 2194 et 2195 du Code civil (art. 25).

Tel est le système organisé par la loi spéciale du 10 juin 1853.

---

# CONCLUSION

Après avoir successivement exposé les deux systèmes de purge qu'ont admis les rédacteurs du Code par un esprit de transaction, et les diverses modifications qui y ont été apportées par des lois postérieures, qu'il nous soit permis de montrer les inconvénients de notre législation sur ce point, et d'indiquer les améliorations que l'on pourrait y apporter.

La purge des hypothèques non inscrites a été la conséquence ainsi qu'on l'a vu, de l'exception que le Code a apportée à la règle de la publicité, en faveur des femmes, mineurs et interdits. Depuis la loi de 1855, cette exception a été considérablement atténuée ; l'article 8 de cette loi porte en effet que « si la veuve, le mineur devenu majeur, l'interdit relevé de l'interdiction, leurs héritiers ou ayants cause, n'ont pas pris inscription dans l'année qui suit la dissolution du mariage ou la cessation de la tutelle, leur hypothèque ne date, à l'égard des tiers, que du jour des inscriptions prises ultérieurement. »

Plusieurs autres améliorations qui n'ont pas abouti ont été proposées à diverses époques. L'une de ces réformes consistait à simplifier les formes de la purge des hypothèques légales, en fondant ensemble les formalités de la transcription et du dépôt au greffe (projet de 1851).

Une autre tendait à donner à tout acquéreur la faculté accordée par des lois spéciales au crédit foncier. — Avant l'acquisition, celui qui voudrait traiter avec le mari ou le tuteur, ferait les notifications exigées, et les hypothèques qui ne seraient pas inscrites dans un certain délai seraient purgées. Ce système a été repoussé comme étant trop rigoureux vis à vis des incapables.

Ces diverses tentatives prouvent que le double système de purge du Code civil présente des inconvénients. Nous nous bornons à signaler ces critiques et à faire des vœux pour que ces deux procédures d'origine diff' ente soient un jour simplifiées et fondues en une seule : ce serait une économie de temps et d'argent pour les parties.

Les législations étrangères, en adoptant notre Code civil, ont modifié en général la procédure de la purge et ces modifications ont mis fin aux inconvénients que nous venons de signaler.

Nous citerons notamment la loi hypothécaire belge de 1851 qui, n'admettant point d'hypothèques occultes, supprime purement et simplement le chapitre IX relatif à la purge des hypothèques non inscrites.

Le Code italien de 1865 a admis comme la loi belge de 1851 le principe absolu de la publicité et n'a par conséquent reconnu qu'une seule purge.

Signalons en terminant la loi hypothécaire prussienne du 5 mai 1872, dans laquelle nous ne trouvons pas la théorie de la purge. Cette loi qui rappelle par certains côtés notre loi de messidor an III est bien différente des législations des autres états de l'Europe. Elle admet, sans exception aucune, la règle de la publicité; elle organise le crédit foncier avec une telle énergie qu'elle arrive à sacrifier les principes de justice à l'idée d'utilité.

On comprend aisément que dans une législation où la publicité constitue *à elle seule* un titre de propriété, où l'hypothèque jouit d'une vie propre comme un droit réel principal, où enfin le crédit foncier est protégé à outrance, il n'y ait point de place pour la purge qui est presque une violation du contrat hypothécaire.

# POSITIONS

---

## DROIT ROMAIN

I. — La *Litis contestatio* a lieu *in jure* et non *in judicio*.

II. — La *Litis contestatio* n'emporte pas novation.

III. — Dans les actions *stricti juris*, la *Litis contestatio* ne fait pas courir les intérêts moratoires d'une dette de sommes d'argent.

IV. — En principe, le défendeur qui a été absous n'est pas obligé naturellement.

V. — L'obligation naturelle n'existe que dans le cas où la prétention du demandeur est écartée pour violation des formes de la procédure.

VI. — La *Litis contestatio* engendre une obligation *quasi ex contractu*.

VII. — La *Litis contestatio* n'éteint pas pour le créancier le droit de demander la clause pénale.

# DROIT FRANÇAIS

## DROIT CIVIL.

I. — Les rivières qui ne sont ni navigables ni flottables sont des choses communes dont la propriété n'appartient à personne.

II. — L'héritier renonçant ne compte pas pour le calcul de la réserve.

III. — Les légataires universels ou à titre universel sont toujours et sans distinction tenus des dettes *ultra vires successionis*, à moins qu'ils n'acceptent sous bénéfice d'inventaire.

IV. — La dot mobilière est aliénable.

V. — Le droit du preneur est purement personnel.

VI. — Le privilège du locateur dont le titre n'a pas date certaine antérieure à la faillite du locataire ou à la saisie des objets, porte sur toutes les années échues, l'année courante et l'année qui suit.

VII. — La séparation des patrimoines ne constitue pas un véritable privilège.

VIII. — L'acceptation d'une succession sous bénéfice d'inventaire emporte de plein droit la séparation des patrimoines ; et, une fois faite, elle est, dans l'intérêt des créanciers héréditaires, définitive et irrévocable.

IX. — L'héritier pour partie du débiteur principal ou accessoire qui a payé sa part de la dette hypothécaire ne peut pas purger.

X. — Lorsque, par l'effet de la surenchère, le tiers détenteur est évincé, son contrat d'acquisition n'est pas rétroactivement résolu.

## PROCÉDURE CIVILE.

I. — Le jugement rendu à l'étranger ne devient exécutoire en France qu'après révision au fond par un tribunal français.

## CODE DE COMMERCE.

I. — En cas de faillite du tireur, le syndic ne peut revendiquer la provision.

## CODE PÉNAL.

I. — L'homicide commis en duel ne constitue pas le crime d'assassinat.

## ÉCONOMIE POLITIQUE.

I. — L'impôt doit être proportionnel et non progressif.

## DROIT ADMINISTRATIF.

I. — Le propriétaire d'un établissement dangereux, incommode ou insalubre, quoique régulièrement autorisé à ouvrir son établissement, est soumis envers les tiers à la responsabilité de droit commun telle qu'elle est réglée par les articles 1382 et 1383 du Code civil.

Vu :                    Vu pour l'impression :

*Le Recteur,*              *Le Doyen,*

J. JARRY.              Ed. BODIN.

# TABLE DES MATIÈRES

—◦◦◦◦—

## DROIT ROMAIN

### De la Litis contestatio et de ses effets dans le système de la procédure formulaire.

## DROIT FRANÇAIS

### De la Purge des Priviléges et Hypothèques.

### PREMIÈRE PARTIE.

## DEUXIÈME PARTIE.

www.ingramcontent.com/pod-product-compliance
Lightning Source LLC
Chambersburg PA
CBHW060539210326
41519CB00014B/3274